文部科学省後援

実用フランス語技能検定試験

2023 年度版

3級・4級・5級

仏検公式ガイドブック

傾向と対策＋実施問題

フランス語教育振興協会編

公益財団法人フランス語教育振興協会

音声について

本書の音声は、下記サイトより無料でダウンロード、
およびストリーミングでお聴きいただけます。

https://stream.e-surugadai.com/books/isbn978-4-411-90305-1/

＊ご注意

・PC からでも、iPhone や Android のスマートフォンからでも音声を再生いただけます。
・音声は何度でもダウンロード・再生いただくことができます。
・当音声ファイルのデータにかかる著作権・その他の権利は公益財団法人フランス語教育振興協会（駿河台出版社）に帰属します。無断での複製・公衆送信・転載は禁止されています。

別売 CD について

無料音声ダウンロードと同じ内容の別売 CD（1 部 2 千円税・送料込）をご用意しております。ご希望の方は、級・住所・連絡先を記入のうえ、仏検事務局まで現金書留をお送りください。

公益財団法人フランス語教育振興協会　仏検事務局
〒102–0073　千代田区九段北 1–8–1 九段 101 ビル

まえがき

21世紀はグローバル化の時代といわれます。そうであれば、世界から孤立せず、世界と対話し、平和で豊かな未来を切り拓くために、今こそさまざまな外国語をマスターしていくべきではないでしょうか。現代は多言語・多文化の世界へと移行しつつあり、そのなかでお互いを尊重しながら共生を目指すことが要請されているのです。英語一辺倒の方針では限界があるのは明らかでしょう。

世界の言語のなかでもとりわけフランス語は、フランスだけでなく、いくつもの国々や地域で話され、また、国連をはじめとする国際機関の公用語としても使われている重要な言語のひとつです。さらに、フランス語は、人類にとって普遍的な価値や独創的な文化を担ってきた言語でもあります。2021年に東京で開かれたオリンピック・パラリンピックは、2024年にはパリで開催されますが、とりわけオリンピックの第一公用語はフランス語です。開会式では、開催国の言語のほかフランス語と英語で出場国が紹介されますが、その際、最初にアナウンスされるのはフランス語なのです。2024年には、多くの人々がパリを訪れるでしょう。皆さんもこれを機にフランス語を学び、ぜひフランスに触れてみてください。たとえ現地に行かなくとも、いまはインターネットなどさまざまなコミュニケーションの手段があります。かならずや多くの貴重な体験が得られるはずです。

ビジネスの世界では、フランス語圏の企業が次々に日本に進出してくる一方、日本の企業もフランス語圏に広く展開しています。トヨタ、ユニクロ、無印良品のフランス進出などはその典型的な例です。いまや英語ができてあたりまえとされるビジネスの世界にあって、さらにフランス語も使いこなせるとなれば、チャンスがさらに広がることはまちがいないでしょう。他方、フランス語をマスターしてアフリカ諸国で国際協力、援助活動に従事している人も少なくありません。このようにフランス語を学び使いこなせるようになることは、自分の人生をより豊かに生きる道につながります。

日本の学習者を対象とし、文部科学省とフランス大使館文化部の後援を受けて、1981年以来実施されている「仏検」は、フランス語を聞き・話し・読み・書く能力をバランスよく客観的に評価する検定試験として、ますます高い評価を受けています。1級・準1級・2級・準2級・3級・4級・5級の7段階を合わせて、これまで累計90万人以上が受験しています。また、大学の単位認定や編入学試験、大学院入試等に利用されるケースも多くなっています（多数の学生が受験している学校のリストが巻末にありますので、ご参照ください）。

本書は、3級・4級・5級の「傾向と対策」と2022年度春季・秋季に実施した試験問題、およびそれについてのくわしくていねいな解説と解答を掲載した公式ガイドブックです。

なお、書き取り・聞き取り試験の音声を無料でダウンロードすることができます（別売のCDをご希望の方は、仏検事務局までお問合せください）。

本書の執筆分担は以下のとおりです（* は各級の監修者）。

3級：林千宏・松田浩則 *
4級：正田靖子・中川真知子 *
5級：北村卓・田口亜紀 *

また、本書の別冊として、これまでの実施問題を精選して詳細な解説を施した『セレクション』が級毎に刊行されています。フランス語の実力アップと仏検合格のために、2つの公式ガイドブックをどうぞご活用ください。

2023年3月

公益財団法人　フランス語教育振興協会

目　次

5 級

実用フランス語技能検定試験　実施要領

実用フランス語技能検定試験（仏検）は、年 2 回、春季（1 次試験 6 月・2 次試験 7 月）と秋季（1 次試験 11 月・2 次試験 1 月）に実施しております。ただし、1 級は春季のみ、準 1 級は秋季のみの実施です。

2 次試験は 1 級・準 1 級・2 級・準 2 級の 1 次試験合格者が対象です。なお、隣り合う 2 つの級まで併願が可能です。

また、出願の受付期間は、通常、春季は 4 月から 5 月中旬、秋季は 9 月から 10 月中旬です。

◆ 各級の内容

1 級（春季のみ）	《1 次》	筆記試験（記述式・客観形式併用）	120 分
		書き取り・聞き取り試験	約 40 分
	《2 次》	面接試験	約 9 分
準 1 級（秋季のみ）	《1 次》	筆記試験（記述式・客観形式併用）	100 分
		書き取り・聞き取り試験	約 35 分
	《2 次》	面接試験	約 7 分
2 級	《1 次》	筆記試験（記述式・客観形式併用）	90 分
		書き取り・聞き取り試験	約 35 分
	《2 次》	面接試験	約 5 分
準 2 級	《1 次》	筆記試験（記述式・客観形式併用）	75 分
		書き取り・聞き取り試験	約 25 分
	《2 次》	面接試験	約 5 分
3 級		筆記試験（客観形式・記述式）	60 分
		聞き取り試験	約 15 分
4 級		筆記試験（客観形式）	45 分
		聞き取り試験	約 15 分
5 級		筆記試験（客観形式）	30 分
		聞き取り試験	約 15 分

◆ 受験地（2023 年度春季〈予定〉）

1 次試験　札幌、弘前、盛岡、仙台、秋田、福島、水戸、宇都宮、群馬、草加、千葉、東京、横浜、新潟、富山、金沢、甲府、松本、岐阜、静岡、名古屋、京都、大阪、奈良、松江、岡山、広島、高松、松山、福岡、長崎、熊本、別府、薩摩川内、沖縄、パリ

2 次試験　札幌、盛岡、仙台、群馬、東京、新潟、金沢、静岡、名古屋、京都、大阪、松江、岡山、広島、高松、福岡、長崎、熊本、沖縄、パリ

＊上記の受験地は、季ごとに変更となる可能性があります。また、会場によって実施される級がことなる場合がありますので、くわしくは、最新の仏検受験要項・願書または APEF のホームページをご覧ください。

＊最終的な受験地・試験会場の詳細は、受験票の発送をもってお知らせします。

◆ 出願方法　下記の 2 つの方法からお選びください

1. **インターネット申込**：詳細は APEF のホームページをご覧ください。
2. **郵送申込**：受験要項・願書を入手→検定料納入→願書提出、の順でお手続きください。

＊全国の仏検特約書店・大学生協では願書・要項を配布、あわせて検定料の納入を受け付けております。

＊願書・要項は仏検事務局へ電話・E-mail 等で請求なさるか、APEF ホームページよりダウンロードして入手なさってください。

◆ 合否の判定とその通知

級によりことなりますが、60～70％の得点率を目安に出題するように努めています。各級の合格基準は、審査委員会がさまざまな条件を総合的に判断して決定しています。

結果通知には合否のほか、合格基準点、合格率とご本人の得点が記載されます。

◆ お問い合わせ先

公益財団法人　フランス語教育振興協会（APEF）　仏検事務局

〒 102-0073　東京都千代田区九段北 181　九段 101 ビル
TEL:　03-3230-1603　　FAX:　03-3239-3157
E-mail: dapf@apefdapf.org
URL:　https://apefdapf.org

2022年度仏検受験状況

級（季）	出願者数	1次試験			1次試験免除者数	2次試験		
		受験者数	合格者数	合格率		受験者数	合格者数	最終合格率
1級	451名	415名	53名	12.8%	5名	53名	45名	10.8%
準1級	889名	747名	198名	26.5%	40名	222名	180名	23.3%
2級（春）	999名	872名	322名	36.9%	37名	342名	290名	32.5%
（秋）	1,114名	933名	322名	34.5%	38名	343名	303名	31.8%
準2級（春）	1,215名	1,039名	636名	61.2%	60名	673名	579名	53.8%
（秋）	1,289名	1,084名	636名	58.7%	55名	661名	579名	52.2%
3級（春）	2,229名	1,994名	1,055名	52.9%				
（秋）	2,689名	2,388名	1,527名	63.9%				
4級（春）	1,704名	1,541名	1,148名	74.5%				
（秋）	2,867名	2,611名	1,993名	76.3%				
5級（春）	1,353名	1,255名	1,011名	80.6%				
（秋）	2,078名	1,902名	1,710名	89.9%				

＊1級は春季のみ、準1級は秋季のみ

3 級

3級の内容と程度

●程 度

フランス語の文構成についての基本的な学習を一通り終了し、簡単な日常表現を理解し、読み、聞き、書くことができる。

標準学習時間：200時間以上（大学で、第一外国語としての授業なら1年間、第二外国語として週2回の授業なら2年間の学習に相当）
ヨーロッパ言語共通参照枠（CEFR）のA1にほぼ対応しています。

●試験内容

読 む	日常的に使われる表現を理解し、簡単な文による長文の内容を理解できる。
書 く	日常生活で使われる簡単な表現や、基本的語句を正しく書くことができる。
聞 く	簡単な会話を聞いて内容を理解できる。
文法知識	基本的文法事項全般。動詞については、直説法、命令法、定型的な条件法現在と接続法現在の範囲。

語彙：約1,700語

●試験形式

1次試験のみ（100点）

筆 記	問題数9問、配点70点。試験時間60分。マークシート方式、一部語記入。
聞き取り	問題数3問、配点30点。試験時間約15分（部分書き取り1問・10点を含む）。マークシート方式、一部語記入。

3級の傾向と対策

5級と4級の試験では、選択肢から解答を選ぶマークシート方式の問題でしたが、3級からは、それにフランス語を記述する問題がくわわります。フランス語を正しく記述するためには、より正確なフランス語の知識が必要になります。

3級では「フランス語の文の構成についての基本的な学習を一通り終了し、簡単な日常表現を理解し、読み、書き、聞き、話すことができる」ことが合格基準になります。必要とされる学習時間は標準で200時間程度です。たとえば、大学の第一外国語であれば1年間を終了した段階で受験が可能です。第二外国語であれば週2回程度の授業を2年間受講した人が対象になります。ただし、学習時間はあくまでも目安にすぎません。150時間程度の学習時間でも基礎がしっかりできていれば、3級を受ける資格は十分にあります。

語彙数は、フランス語の学習辞書の基本単語を構成するおよそ1700語が目安となります。辞書によって多少のちがいはありますが、仏和辞典の赤い見出し語にアステリスクがふたつ付いていることが、おおよその基準になります。『仏検公式基本語辞典 3級・4級・5級 新訂版』(フランス語教育振興協会編、朝日出版社、2020)*には、この1700語がすべて記載されていますから、おおいに活用してください。

*本文中では『仏検公式基本語辞典』と略記。

文法については、初級文法の基本的知識全般が出題されます。3級の段階でとくに難関となるのが、動詞です。まず直説法（現在・単純未来・複合過去・半過去・大過去など）の活用形と基本的な用法をおさえたうえで、命令法、条件法現在、接続法現在、ジェロンディフにも目を配っておきましょう。そのほかにも、基本的な前置詞と代名詞の用法には、習熟しておかねばなりません。

「読む」力としては、初級文法の知識をもとに、日常的に使われる表現を理解し、平易なフランス語で書かれた15行程度の説明文や手紙、掲示などの内容を読み取る力が要求されます。

「書く」力では、日常生活で使われる簡単な表現、基本的な動詞の活用形や語句を正しく書くことが求められます。

「聞く」力では、短い文を正確に聞き取る力や、10 行あまりの会話文の内容を理解する能力がためされます。

「話す」力に関しては、面接による 2 次試験がありませんから、実際に試験のなかで「話す」機会はありません。3 級の段階では、筆記試験と聞き取り試験を通して、話すための基礎力がためされるのです。

筆記試験は問題数が 9 問あり、配点は 70 点です。試験時間は 60 分で 4 級より 15 分長くなります。聞き取り試験は問題数が 3 問で、配点は 30 点、試験時間は 15 分です。

問題形式はおおむね 4 級の問題形式を踏襲していますが、筆記試験では新たに、[1]の単語の記述、[2]の動詞の活用形の記述、[9]の会話文の空欄に選択したフランス語の文を入れて完成させる問題がくわわります。聞き取り試験では、[1]の部分書き取りの問題がくわわっています。新たにくわわったこれらの問題をきちんとこなすことが 3 級合格の鍵となります。

それでは、これから 3 級の各問題ごとの対策を解説します。練習問題はすべて実際に出題されたものですから、試験のつもりで解いてみましょう。そのあとで解説を読み、解答を確認してください。

2022年度　秋季　実用フランス語技能検定試験（3級）　解答用紙

会　場　名

氏　名

会場コード					
⓪	⓪	⓪	⓪	⓪	⓪
①	①	①	①	①	①
②	②	②	②	②	②
③	③	③	③	③	③
④	④	④	④	④	④
⑤	⑤	⑤	⑤	⑤	⑤
⑥	⑥	⑥	⑥	⑥	⑥
⑦	⑦	⑦	⑦	⑦	⑦
⑧	⑧	⑧	⑧	⑧	⑧
⑨	⑨	⑨	⑨	⑨	⑨

受験番号							
⓪	⓪	⓪	⓪	⓪	⓪	⓪	⓪
①	①	①	①	①	①	①	①
②	②	②	②	②	②	②	②
③	③	③	③	③	③	③	③
④	④	④	④	④	④	④	④
⑤	⑤	⑤	⑤	⑤	⑤	⑤	⑤
⑥	⑥	⑥	⑥	⑥	⑥	⑥	⑥
⑦	⑦	⑦	⑦	⑦	⑦	⑦	⑦
⑧	⑧	⑧	⑧	⑧	⑧	⑧	⑧
⑨	⑨	⑨	⑨	⑨	⑨	⑨	⑨

記入およびマークについての注意事項

1. 解答にはかならずHBまたはBの黒鉛筆（シャープペンシルも可）を使用してください。ボールペンや万年筆等でマークした解答は機械による読み取りの対象とならないため、採点されません。
2. 記入は**太線の枠内**に、マークは◯の中を**正確に塗りつぶしてください**（下記マーク例参照）。
   採点欄は塗りつぶさないでください。
3. 訂正の場合は、プラスチック製消しゴムできれいに消してください。
4. **解答用紙を折り曲げたり、破ったり、汚したりしないでください。**

マーク例

良い例	悪い例
●	◯ ⊗ ◯ ◯ ◑ ◯

筆記

1

解答番号	解答欄	採点欄
(1)		② ⓪
(2)		② ⓪
(3)		② ⓪
(4)		② ⓪

2

解答番号	解答欄	採点欄
(1)		② ⓪
(2)		② ⓪
(3)		② ⓪
(4)		② ⓪
(5)		② ⓪

3

解答番号	解答欄
(1)	① ② ③
(2)	① ② ③
(3)	① ② ③
(4)	① ② ③

4

解答番号	解答欄
(1)	① ② ③ ④ ⑤ ⑥
(2)	① ② ③ ④ ⑤ ⑥
(3)	① ② ③ ④ ⑤ ⑥
(4)	① ② ③ ④ ⑤ ⑥

5

解答番号	解答欄
(1)	① ② ③ ④ ⑤
(2)	① ② ③ ④ ⑤
(3)	① ② ③ ④ ⑤
(4)	① ② ③ ④ ⑤

6

解答番号	解答欄
(1)	① ② ③
(2)	① ② ③
(3)	① ② ③
(4)	① ② ③

7

解答番号	解答欄
(1)	① ② ③ ④ ⑤ ⑥ ⑦ ⑧
(2)	① ② ③ ④ ⑤ ⑥ ⑦ ⑧
(3)	① ② ③ ④ ⑤ ⑥ ⑦ ⑧
(4)	① ② ③ ④ ⑤ ⑥ ⑦ ⑧
(5)	① ② ③ ④ ⑤ ⑥ ⑦ ⑧
(6)	① ② ③ ④ ⑤ ⑥ ⑦ ⑧

8

解答番号	解答欄
(1)	① ②
(2)	① ②
(3)	① ②
(4)	① ②
(5)	① ②
(6)	① ②

9

解答番号	解答欄
(1)	① ② ③ ④ ⑤ ⑥ ⑦
(2)	① ② ③ ④ ⑤ ⑥ ⑦
(3)	① ② ③ ④ ⑤ ⑥ ⑦
(4)	① ② ③ ④ ⑤ ⑥ ⑦

聞き取り

1

解答番号	解答欄	採点欄
(1)		② ⓪
(2)		② ⓪
(3)		② ⓪
(4)		② ⓪
(5)		② ⓪

2

解答番号	解答欄
(1)	① ② ③ ④ ⑤ ⑥ ⑦ ⑧ ⑨
(2)	① ② ③ ④ ⑤ ⑥ ⑦ ⑧ ⑨
(3)	① ② ③ ④ ⑤ ⑥ ⑦ ⑧ ⑨
(4)	① ② ③ ④ ⑤ ⑥ ⑦ ⑧ ⑨
(5)	① ② ③ ④ ⑤ ⑥ ⑦ ⑧ ⑨

3

解答番号	解答欄
(1)	① ②
(2)	① ②
(3)	① ②
(4)	① ②
(5)	① ②

2022年度春季
実用フランス語技能検定試験
試験問題冊子 〈3 級〉

問題冊子は試験開始の合図があるまで開いてはいけません。

筆 記 試 験	15 時 20 分 ～ 16 時 20 分 (休憩なし)
聞き取り試験	16 時 20 分から約 15 分間

◇問題冊子は表紙を含め 16 ページ、筆記試験が 9 問題、聞き取り試験が 3 問題です。

注 意 事 項

1 途中退出はいっさい認めません。

2 筆記用具は **HB または B の黒鉛筆** (シャープペンシルも可) を用いてください。ボールペンや万年筆等でマークした解答は機械による読み取りの対象とならないため、採点されません。

3 解答用紙の所定欄に、**受験番号**と**カナ氏名**が印刷されていますから、まちがいがないか、**確認**してください。

4 **マーク式の解答は、解答用紙の解答欄にマークしてください**。たとえば、3 の (1) に対して ③ と解答する場合は、次の例のように解答欄の ③ にマークしてください。

例 3

解答番号	解 答 欄
(1)	① ② ●

5 記述式の解答の場合、正しく判読できない文字で書かれたものは採点の対象となりません。

6 解答に関係のないことを書いた答案は無効にすることがあります。

7 解答用紙を折り曲げたり、破ったり、汚したりしないように注意してください。

8 問題内容に関する質問はいっさい受けつけません。

9 不正行為者はただちに退場、それ以降および来季以後の受験資格を失うことになります。

10 **携帯電話等の電子機器の電源はかならず切って、かばん等にしまってください。**通信機能のある時計は使用を禁じます。

11 **時計のアラームは使用しないでください。**

12 この試験問題の複製 (コピー) を禁じます。また、この試験問題の一部または全部を当協会の許可なく他に伝えたり、漏えいしたりすることを禁じます (インターネットや携帯サイト等に掲載することも含みます)。

筆記試験終了後、休憩なしに聞き取り試験にうつります。

1　次の日本語の表現 (1) ～ (4) に対応するように、(　　) 内に入れるのにもっとも適切なフランス語 (各 1 語) を、**示されている最初の文字とともに**、解答欄に書いてください。(配点　8)

(1)　あなたのおかげです。

C'est (g　　) à vous.

(2)　彼は昔からの友人です。

C'est un (v　　) ami.

(3)　すぐ行きます。

J'(a　　) !

(4)　もちろん。

Bien (s　　).

(解説・解答 ▶ p.33)

2 次の対話 (1) ～ (5) の (　　) 内の語を必要な形にして、解答欄に書いてください。(配点　10)

(1) — Elle s'intéresse beaucoup à l'art moderne français.
— Alors, il faut absolument qu'elle (aller) voir cette exposition.

(2) — Il fait chaud ici.
— (Ouvrir) les fenêtres, s'il vous plaît.

(3) — Naomi est étudiante maintenant ?
— Oui, elle (réussir) à l'examen d'entrée.

(4) — Papa, je peux manger une glace ?
— D'accord, mais ne regarde pas la télé en (manger).

(5) — Quand tu étais jeune, tu jouais avec ton frère toute la journée ?
— Oui, même avant le petit déjeuner. Nous (se lever) toujours très tôt.

(解説・解答 ▶ p.34)

3　次の (1) ～ (4) の (　　) 内に入れるのにもっとも適切なものを、それぞれ ① ～ ③ のなかから 1 つずつ選び、解答欄のその番号にマークしてください。(配点 8)

(1) Elles sont maintenant à Paris, et elles (　　) reviendront demain.

① en　　② le　　③ y

(2) Lequel est ton fils dans cette photo ? (　　) qui est à côté de l'arbre ?

① Ce　　② Celle　　③ Celui

(3) Ma grand-mère sait (　　) de notre village.

① quoi　　② rien　　③ tout

(4) Monique n'est pas sortie hier. C'est vraiment (　　) que tu as vue au supermarché ?

① elle　　② la　　③ lui

(解説・解答 ▶ p.35)

4 次の (1) ～ (4) の（　　）内に入れるのにもっとも適切なものを、下の ① ～ ⑥ のなかから１つずつ選び、解答欄のその番号にマークしてください。ただし、同じものを複数回用いることはできません。なお、① ～ ⑥ では、文頭にくるものも小文字にしてあります。（配点 8）

(1) Ce n'est un secret (　　) personne.

(2) Le jardin est couvert (　　) belles fleurs.

(3) Regardez les tableaux (　　) les murs !

(4) (　　) sa jeunesse, il aimait danser.

① à　② dans　③ de
④ par　⑤ pour　⑥ sur

（解説・解答 ▶ p.37）

5　例にならい、次の (1) ～ (4) において、それぞれ ① ～ ⑤ をすべて用いて文を完成したときに、(　　) 内に入るのはどれですか。① ～ ⑤ のなかから 1 つずつ選び、解答欄のその番号にマークしてください。(配点　8)

例：Je ________ ________ (________) ________ ________ ma fille.

① de　② le　③ parapluie　④ prête　⑤ vous

Je vous prête (le) parapluie de ma fille.

⑤ ④ ② ③ ①

となり、⑤ ④ ② ③ ① の順なので、(　　) 内に入るのは ②。

(1) C'est l'ami _____ _____ (_____) _____ _____ voyage.

① avec　② en　③ je　④ pars　⑤ qui

(2) Je _____ _____ (_____) _____ _____ décidée.

① encore　② me　③ ne　④ pas　⑤ suis

(3) Laquelle _____ _____ (_____) _____ _____ le plus ?

① des　② plaît　③ robes　④ te　⑤ trois

(4) Ma mère _____ _____ (_____) _____ _____ .

① de　② ravie　③ sera　④ voir　⑤ vous

(解説・解答 ▶ p.38)

6

次の (1) ～ (4) の **A** と **B** の対話を完成させてください。**B** の下線部に入れるのにもっとも適切なものを、それぞれ ① ～ ③ のなかから1つずつ選び、解答欄のその番号にマークしてください。(配点 8)

(1) **A** : Comment trouves-tu cette chanteuse ?
B : ____________________
A : Moi aussi !

① Formidable ! J'adore ses chansons.
② Je n'aime pas bien sa façon de chanter.
③ Sa voix est très belle !

(2) **A** : Il est devenu roi en 1513.
B : ____________________
A : Oui, il en avait deux et il les a tués.

① Il avait des frères ?
② Il était jeune ?
③ Son père aussi avait été roi ?

(3) **A** : Je cultive des tomates dans ce jardin.
B : ____________________
A : Là-bas, dans le coin. Mais elles sont encore vertes.

① Ce jardin est à vous ?
② Depuis quand ?
③ Où ça ?

(4) **A** : Tu t'es couché tard hier soir ?
B : ____________________
A : Alors, pourquoi tu as l'air d'avoir sommeil ?

① Assez tard, à cause du bruit de mon voisin.
② Oui ! J'ai travaillé jusqu'à une heure du matin.
③ Pas du tout. J'ai bien dormi.

(解説・解答 ▶ p.39)

7　次の (1) ～ (6) の (　　) 内に入れるのにもっとも適切なものを、下の ① ～ ⑧ のなかから 1 つずつ選び、解答欄のその番号にマークしてください。ただし、同じものを複数回用いることはできません。(配点　6)

(1) Cinq est la (　　) de dix.

(2) Il n'y a plus de lait dans le (　　).

(3) Le plein (　　) est à onze euros.

(4) Le train est un des moyens de (　　) les plus utilisés.

(5) On voit toute la ville du haut de la (　　).

(6) Remplissez cette (　　), s'il vous plaît.

① colline　② feuille　③ frigo　④ moitié
⑤ permis　⑥ tarif　⑦ transport　⑧ vaisselle

(解説・解答 ▶ p.41)

8　次の文章を読み、下の (1) ～ (6) について、文章の内容に一致する場合は解答欄の ① に、一致しない場合は ② にマークしてください。（配点　6）

Le père de Florian est dentiste. Sa clinique se trouve dans un village près de Nice. Son grand-père, mort avant la naissance de Florian, était dentiste également.

D'abord, Florian voulait devenir cuisinier, parce qu'il aimait faire la cuisine avec sa mère. Mais, quand il avait neuf ans, son père est tombé malade et n'a pas pu travailler pendant deux ans. Les habitants du village qui avaient mal aux dents étaient obligés d'aller à Nice. Le père a dit à son fils que ce métier était absolument nécessaire pour le village.

Pour devenir dentiste, Florian fait maintenant des études en Suède* où il restera encore un an. Quand il travaillera dans la clinique de son père, il compte offrir les meilleurs soins dentaires** aux habitants du village.

* Suède : スウェーデン
** soin dentaire : 歯科医療

(1)　フロリアンの父の歯科医院はニース近郊の村にある。

(2)　フロリアンの祖父は、彼が生まれる前に亡くなった。

(3)　フロリアンは最初から歯科医になりたかった。

(4)　フロリアンの父は、歯科医の仕事を 1 年以上休んだことはない。

(5)　フロリアンはスウェーデンであと数年間学業をつづける。

(6)　フロリアンは父の歯科医院で働くつもりはない。

（解説・解答 ▶ p.43）

9

次の会話を読み、(1) ～ (4) に入れるのにもっとも適切なものを、下の ① ～ ⑦ のなかから1つずつ選び、解答欄のその番号にマークしてください。ただし、同じものを複数回用いることはできません。なお、① ～ ⑦ では、文頭にくるものも小文字にしてあります。(配点 8)

Gilles : Maman, je peux te demander (1) pour mon anniversaire ?
La mère : Mais oui, je t'écoute.
Gilles : Je voudrais une trottinette*.
La mère : Une trottinette ? C'est (2) ?
Gilles : C'est une sorte de vélo, mais plus petit.
La mère : Pourquoi tu en veux une ?
Gilles : Pour aller faire du foot après l'école.
La mère : (3) un vrai vélo ? Tu seras bientôt lycéen.
Gilles : Mais non, la trottinette, c'est mieux, (4) c'est plus pratique.

* trottinette : キックスクーター

① combien
② parce que
③ pourquoi pas
④ pourtant
⑤ quelque chose
⑥ quel type
⑦ quoi

(解説・解答 ▶ p.44)

聞き取り試験問題

(部分的な書き取りを含む)

聞き取り試験時間は、
16時20分から約15分間

注意事項

1 聞き取り試験は、CD・テープでおこないますので、CD・テープの指示にしたがってください。

2 解答はすべて筆記試験と同じ解答用紙の解答欄に、**HBまたはBの黒鉛筆**(シャープペンシルも可)で記入またはマークしてください。ボールペンや万年筆等でマークした解答は機械による読み取りの対象とならないため、採点されません。

1

マリーとポールの会話を聞いてください。

- 1 回目は全体を通して読みます。
- 2 回目は、ポーズをおいて読みますから、(　1　)～(　5　)の部分を解答欄に書き取ってください。それぞれの (　　) 内に入るのは 1 語とはかぎりません。
- 最後 (3 回目) に、もう 1 回全体を通して読みます。
- 読み終えてから 60 秒、見なおす時間があります。
- 数を記入する場合は、算用数字で書いてください。

(メモは自由にとってかまいません) (配点　10)

[音声を聞く順番]　01 → 02 → 01

Marie : Paul, tu rentres à quelle heure ce soir ?

Paul : Je suis très (1) aujourd'hui, mais je serai là avant six heures, c'est (2).

Marie : Bon. Tu as donc le (3) d'acheter un gâteau avant de rentrer ?

Paul : Oui. Je connais une pâtisserie qui (4) à la mode.

Marie : Tu parles de la pâtisserie (5) de ton bureau ?

Paul : Oui, celle-là.

(解説・解答 ▶ p.47)

2

- フランス語の文 (1) ～ (5) を、それぞれ3回ずつ聞いてください。
- それぞれの文にもっともふさわしい絵を、下の ① ～ ⑨ のなかから1つずつ選び、解答欄のその番号にマークしてください。ただし、同じものを複数回用いることはできません。

　(メモは自由にとってかまいません)(配点　10)

［ 音声を聞く順番 ］ 03 → 04

(1)

(2)

(3)

(4)

(5)

①

②

③

④

⑤

⑥

⑦

⑧

⑨

(解説・解答 ▶ p.49)

3

- クレマンとオレリーの会話を 3 回聞いてください。
- 次の (1) ～ (5) について、会話の内容に一致する場合は解答欄の ① に、一致しない場合は ② にマークしてください。

（メモは自由にとってかまいません）（配点　10）

［音声を聞く順番］ ❺→❻→❼

(1)　オレリーは休暇中に列車で両親のもとへ帰った。

(2)　オレリーの両親は南フランスのある町に住んでいる。

(3)　オレリーは両親のもとに 2 週間滞在した。

(4)　オレリーは休暇中に海で泳がなかった。

(5)　オレリーの両親が住む町の植物園はフランスでもっとも大きいもののひとつだ。

（解説・解答 ▶ p.50）

2022年度春季3級

今季の出願者数は2,229名（うち受験者は1,994名）でした。合格者数は1,055名、対実受験者合格率は52.9%でした。なお平均点は56点（筆記得点率51.48%、聞き取り得点率66.17%）、合格基準点は55点でした。

出題内容のあらまし

[筆記]

1 語彙（記述）
2 動詞活用（対話文・記述）
3 代名詞（穴うめ・選択）
4 前置詞（穴うめ・選択）
5 語順（語の並べかえによる仏文完成）
6 対話文（仏文選択）
7 短文（穴うめ・選択）
8 説明文（内容一致・和文選択）
9 会話文（穴うめ・仏文選択）

[聞き取り]

1 会話文の部分書き取り（穴うめ・記述）
2 短文聞き取り（仏文に一致する絵の選択）
3 会話文聞き取り（内容一致・和文選択）

筆記試験

解説・解答

1　**解説**、日常的な慣用表現で使われている単語を記述する問題です。

(1)「あなたのおかげです」は C'est (grâce) à vous. となります。grâce à は原因を表わし、「～のおかげで」というポジティブな文意で用いられますが、同様に原因を表わす à cause de は「～のせいで」というネガティブな意味になります。対にして覚えておきましょう。得点率は 11%でした。

(2)「彼は昔からの友人です」は C'est un (vieil) ami. となります。得点率は 4 問中もっとも低く、6%でした。形容詞 vieux を用いることを思いついたものの、そのまま *vieux* と書いた誤答が多く見られました。ですが、ここではそのあとにつづく名詞が母音で始まっています。この場合は男性第 2 形の vieil が正しい形です。男性第 2 形をもつ形容詞はほかに beau (bel)「美しい」や nouveaux (nouvel)「新しい」があります。合わせて覚えておきましょう。

(3)「すぐ行きます」は J'(arrive) ! となります。相手の視点に立って発する言葉ですから動詞 arriver「到着する」を用いるわけです。「行きます」という日本語から aller を用いると考えた人がいたようですが、主語 Je に対する活用形は vais ですから a から始まる（　　　）には入りません。得点率は 43%でした。

(4)「もちろん」は Bien (sûr). となります。誤答で多かったのがアクサン・シルコンフレクスを忘れた *sur* です。アクサンもつづりの一部ですからよく確認しておきましょう。得点率は 4 問中もっとも高く、66%でした。

　全 4 問の平均得点率は 32%で、2021 年度秋季とくらべて 21 ポイントも下がりました。ただそれぞれの正答を見ればわかるように、けっしてむずかしい語が問われているわけではありません。語彙をふやすことも重要ですが、

3級ではまず基本語を正確に書けるように、練習してみてください。

解答　(1) grâce　(2) vieil　(3) arrive　(4) sûr

2　**解説**　フランス語の応答文を読み、意味をとらえて動詞の法と時制をきめ、その活用を記述する問題です。

(1)　— Elle s'intéresse beaucoup à l'art moderne français.「彼女はフランス現代美術にとても関心があるんだ」— Alors, il faut absolument qu'elle (aille) voir cette exposition.「じゃあ、絶対にこの展覧会は観に行かないとね」となります。得点率は21%でした。誤答でもっとも多かったのは elle *va* voir cette exposition と直説法現在形で答えたものでしたが、il faut que...「〜しなくてはならない」という、語り手の判断を表わす非人称構文においては接続法が用いられます。aller の接続法現在形は例外的な語幹をもつ動詞でもありますので、確認しておきましょう。

(2)　— Il fait chaud ici.「ここは暑いね」— (Ouvrez) les fenêtres, s'il vous plaît.「窓を開けてください」となります。得点率は36%でした。誤答でもっとも多かったのが *Ouvriez* です。まちがえた人はこれを機会に ouvrir 型の動詞の活用を確認しておいてください。ouvrir は2人称単数に対する命令の時、語尾の s を取る動詞でもあります。同じ規則をもつ -er 動詞と合わせて覚えておいてください。

(3)　— Naomi est étudiante maintenant ?「ナオミは今学生なのですか」— Oui, elle (a réussi) à l'examen d'entrée.「はい、彼女は入試に合格したのです」となります。得点率は36%でした。ナオミは「今」学生なのですから、入試に合格したのはそれよりも過去の完了した出来事です。したがって直説法複合過去が用いられます。

(4)　— Papa, je peux manger une glace ?「お父さん、アイスクリームを食べてもいい？」— D'accord, mais ne regarde pas la télé en (mangeant).「いいよ。でも食べながらテレビを見ちゃだめだよ」となります。得点率は36%でした。前置詞 en から（　　　）内の動詞は現在分詞形にすることはわかったものの、つづりで *mangant* とまちがった人が多いようです。このつづりだと [ʒ] の発音を保てませんので、mangeant とします（ほかに nous を主語とする活用形も nous mang**e**ons となります）。同様の動詞に commencer があり、こちらは [s] の発音を保つために ç を用います（commen**ç**ant, nous commen**ç**ons）。合わせて覚えておきましょう。

(5)　— Quand tu étais jeune, tu jouais avec ton frère toute la journée ?「幼いころ、君は弟さんと一日中遊んでいたのですか」— Oui, même avant le petit déjeuner. Nous (nous levions) toujours très tôt.「はい、朝食前でも遊んでいました。私たちはいつもとても早く起床していたんですよ」となります。この問題は 5 問中もっとも得点率が低く、19%でした。誤答としては直説法現在形の *nous levons* や直説法複合過去形の *nous sommes levés* が多く見られました。しかし、問題文では過去における習慣（反復される行為）の話をしていますから、現在形も複合過去形も不適切です。直説法半過去は過去のある時点における状態や進行中の出来事を表わすことにくわえ、過去のある時期に繰り返される動作、習慣も表わすことを確認しておきましょう。

全 5 問の平均得点率は 30%で、2021 年度秋季とくらべて 6 ポイントほど上がっています。文法の習得のためには正しく書けることもとても重要です。声に出して読むことにくわえ、手で書く練習も積極的に勉強に取り入れてみてください。

解答　(1) aille　(2) Ouvrez　(3) a réussi
(4) mangeant　(5) nous levions

3　解説

適切な代名詞を選ぶ問題です。

(1)　Elles sont maintenant à Paris, et elles (en) reviendront demain.「彼女たちは今パリにいますが、あしたそこから帰ってきます」となります。最初の文に à Paris という部分があるため、つい ③ y を選んでしまいがちです。実際に誤答としても多かったのがこの ③ y ですが、（　　　）を含む次の文の動詞は revenir「帰ってくる」です。もし ③ y であれば、「そこ（パリ）へ帰ってくる」ということになってしまいます。それでは文意が通じませんので、起点「〜から」の意味のdeを含む① enが正答となります。直前に前置詞àがあるからといって、à＋場所を表わす中性代名詞yを選ぶのではなく、動詞の意味も確認したうえで選びましょう。得点率は4問中もっとも低く、28%でした。

(2) Lequel est ton fils dans cette photo ? (Celui) qui est à côté de l'arbre ?「この写真の中でどれが君の息子さんですか。木の横にいる男の子かな」となります。まず解答の選択肢で① Ceを選んだ場合、ce qui となり、これは「〜であるもの（こと）」など人以外のものやことを指します。すると② Celleか③ Celuiが残りますが、ここで問われているのは息子 (fils) がどれかということですから、男性単数名詞の代名詞として③ Celuiが正答です。filsの意味がわからなかったとしても所有形容詞ton「君の〜」を見ればfilsが男性単数名詞であることがわかります。文中にはかならずヒントが隠されていますから、注意深く問題文を検討しましょう。得点率は52%でした。

(3) Ma grand-mère sait (tout) de notre village.「私の祖母は私たちの村のすべてを知っている」となります。① quoiについて、今回のように疑問代名詞としてではなく関係代名詞として用いる場合、前置詞を先立てます。この文ではそれがありませんから、quoiは使えません。また② rienについて、通常はneとともに用いられますから、この文では不適切です。したがって正答は③ toutとなります。得点率は4問中もっとも高く、72%でした。

(4) Monique n'est pas sortie hier. C'est vraiment (elle) que tu as vue au supermarché ?「モニークはきのう外出してないよ。君がスーパーマーケットで見たのは本当に彼女なの」となります。まずモニークが女性であることは1文目のsortieを見るとわかります。そして2文目がC'est...que...と強調構文になっていることがわかれば、（　　　）内に入るのは代名詞の強勢形です。すると、① elleか、③ luiのどちらかということになりますが、2文目のque以下がtu as vueとなっており、voir (vue) の目的語が女性であることがわかります。avoirを用いた複合過去時制の文で過去分詞の前に直接目的語が置かれた場合には、過去分詞はその目的語の性数に一致させるという原則を思い出してください。すると、正答は① elleになります。得点率は

35％でした。

この問題の平均得点率は47％で、2021年度秋季とくらべて23ポイントほど下がっています。ただ解説にも書きましたように、文中にはかならずヒントがあります。ですから、勘で選ぶのではなく、ヒントを見逃さずにひとつひとつ順序をおって考える練習をしてみてください。

解答 (1) ① (2) ③ (3) ③ (4) ①

4 **解説** 適切な前置詞を選ぶ問題です。

(1) Ce n'est un secret (pour) personne.「これはだれにとっても秘密などではありません」となります。不定代名詞 personne は否定を表す ne とともにしばしば用いられ、「だれも（～ない）」の意味になります。ここでは利害の対象を示す前置詞⑤ pour を用いることで「だれに対しても～ない」となり、ひるがえって「公然の秘密です」の意味となるわけです。逆に「私たちだけの秘密ですよ」と言いたいときには C'est un secret entre nous. と言います。合わせて覚えておきましょう。得点率は20％でした。

(2) Le jardin est couvert (de) belles fleurs.「庭は美しい花で覆われています」となります。couvert は動詞 couvrir「覆う」の過去分詞です。このような受け身の構文では状態や感情を表わす場合には前置詞③ de を用います。一方で、動作の主体を表わす場合には前置詞は par を用いることも確認してください。得点率は32％でした。

(3) Regardez les tableaux (sur) les murs !「壁に掛かっている絵を見てください」となります。前置詞⑥ sur は「～の上に」と位置を表わしますが、「～（の表面）に」と事物の表面に接していることをも表わします。同じ意味で、写真に写っている場合にも Paul est sur cette photo.「ポールはこの写真に写っている」のように用いられます。こちらも覚えておいてください。得点率は4問中もっとも高く、62％でした。

(4) (Dans) sa jeunesse, il aimait danser.「彼は若いころには、踊るのが好きだった」となります。正答となる前置詞② dans は、「～の中で」と位置を表わしますが、時間や時期も表わし、ここでは「～の期間、時代に」の意味で使われています。ほかに dans son enfance「彼の子ども時代に」などの表現もいっしょに覚えておきましょう。得点率は40%でした。

この問題の平均得点率は38%で、2021年秋季と比べて25ポイントも下がりました。前置詞は数も多く、またそれぞれさまざまな意味で用いられるために、覚えるのがむずかしいのは確かです。ですからたとえば対義語でセットにして覚えたり（sur / sous や de / à など)、また例文の形で覚えたりと工夫をしてみてください。

解答 (1) ⑤　(2) ③　(3) ⑥　(4) ②

5

解説 5つの単語を並べかえて文を完成させる問題です。

(1) 文は C'est l'ami で始まっており、すでに文の主語、動詞がそろっていますので、つづくのは l'ami を修飾する語句ではないかと推測できます。選択肢を見ると、関係代名詞⑤ qui があり、この語が l'ami につづくのではないかと推測されますが、ここで選択肢をよく見ると、動詞は④ pars しかなく、これは partir の直説法現在1人称（2人称）単数形です。すると動詞の主語となるのは③ je となることがわかります。文の最後の語として voyage が与えられていますから、「旅行に出発する」を意味する partir en voyage という表現を知っていれば、je pars en voyage が関係詞節の中に含まれることがわかります。残った語は① avec で、これは je pars en voyage avec + 人という語順になるはずですが、この文中で人を表わすのは l'ami しかありませんから、関係代名詞 qui とともに前に置いて、C'est l'ami avec qui (je) pars en voyage.「こちらが私がいっしょに旅行に出発する友人です」となります。したがって正答は③ je です。得点率は50%でした。

(2) 文は Je から始まっていますので、まずはこの主語に対応する動詞をさがしましょう。すると⑤ suis があり、否定の③ ne と④ pas、さらに① encore

がありますので、「まだ～ない」という否定文となることが推測されます。くわえて再帰代名詞の② me があり、文末には décidée と過去分詞がありますから、代名動詞 se décider「決心する」を用いた直説法複合過去の文であるとわかります。以上から、Je ne me (suis) pas encore décidée.「私はまだ決心していません」となり、正答は⑤ suis となります。得点率は4問中もっとも高く、76%でした。

(3)　文は Laquelle から始まり、疑問符で終わっていますので、これが疑問文であることがわかります。laquelle(lequel) は「～の中のどちら」を表わしますから、この選択の対象を laquelle の後につづける必要があります。選択肢を見ると① des、③ robes、⑤ trois の3つが複数の選択の対象を表わしうる言葉です。これを並べかえて Laquelle des trois robes とすることができれば、後は② plaît、④ te を目的語、動詞の順に並べかえるだけですね。以上から、Laquelle des trois (robes) te plaît le plus ?「この3着のドレスのうち、君はどれが1番気に入ってるの」となります。正答は③ robes です。得点率は4問中もっとも低く、36%でした。

(4)　文は Ma mère から始まっていますので、やはりこの主語に対応する動詞からさがし始めましょう。すると、être の直説法単純未来形③ sera があり、つづくのは形容詞の女性形である② ravie となることも推測されます。残った語は、① de、④ voir、⑤ vous となりますが、être ravi de ...「～に大喜びする」という表現を知っているなら、sera ravie de vous voir となることがみちびき出せます。つまり完全な文としては Ma mère sera ravie (de) vous voir.「私の母はあなたとお会いできるなら大喜びするでしょう」となります。正答は① de です。得点率は44%でした。

この問題の平均得点率は51%でした。

解答　(1) ③　(2) ⑤　(3) ③　(4) ①

6　解説　適切な文を選択して対話を完成させる問題です。

(1)　まず **A** が Comment trouves-tu cette chanteuse ?「この歌手のことどう

思う」と尋ねています。trouver は「見つける」の意味で用いられることが多いですが、「～だと思う」の意味でもしばしば用いられますから覚えておきましょう。この **A** の質問に対して、**B** が何かを言ったあと、**A** が Moi aussi !「私も」と言っています。選択肢は① Formidable ! J'adore ses chansons.「すばらしいですよね。私は彼女の歌が大好きです」、② Je n'aime pas bien sa façon de chanter.「私は彼女の歌い方があまり好きではありません」、③ Sa voix est très belle !「彼女の声はとてもきれいだね」となっています。**B** は「私も」と **A** の考えを肯定、同意しているわけですから、**B** のせりふとしては①を選ぶのが適当です。もし②のような否定文に同意するのであれば、Moi non plus.「私も（好きではありません）」となります。こちらも合わせて覚えておきましょう。得点率は64%でした。

(2)　**A** が Il est devenu roi en 1513.「彼は1513年に王となった」と言ったのに対して、**B** が何か言ったあと、**A** が Oui, il en avait deux et il les a tués.「はい、彼には2人いましたが、彼らを殺したんです」と応じています。選択肢を見ると① Il avait des frères ?「彼には兄弟はいましたか」、② Il était jeune ?「彼は若かったですか」、③ Son père aussi avait été roi ?「彼の父も王でしたか」となっています。この中で動詞 avoir の目的語として中性代名詞 en でうけることが可能で、かつ数えられる名詞が提示されているのは①だけです。ですからこれが正答となります。得点率は65%でした。

(3)　**A** が Je cultive des tomates dans ce jardin.「私はこの庭でトマトを育てています」と言ったのに対して、**B** が何か言ったあと、**A** が Là-bas, dans le coin. Mais elles sont encore vertes.「あちらの隅です。でもまだ青いんですよ」と応じています。選択肢は① Ce jardin est à vous ?「この庭はあなたのものですか」、② Depuis quand ?「いつからですか」、③ Où ça ?「それはどこですか」となっています。**A** が「あちらの隅です」と場所を示しているのですから、対話が成立するのは③だけで、これが正答となります。得点率は83%でした。

(4)　**A** が Tu t'es couché tard hier soir ?「君は昨晩遅く寝たの」と尋ねたのに対して **B** が何か答えたあと、**A** が Alors, pourquoi tu as l'air d'avoir sommeil ?「じゃあ、どうして眠たそうなの」とさらに尋ねています。**A** の

ふたつのせりふから、**B** は遅く寝たのではない、と答えていることが推測されます。選択肢は ① Assez tard, à cause du bruit de mon voisin.「隣人の騒音のせいで、かなり遅かったんだ」、② Oui ! J'ai travaillé jusqu'à une heure du matin.「そうなんだ。午前 1 時まで働いていたんだよ」、③ Pas du tout. J'ai bien dormi.「全然。よく寝ました」となっています。すると、状況に合致するのは ③ だけですので、これが正答になります。得点率は 61％でした。

この問題の平均得点率は 69％でした。

解答 (1) ①　(2) ①　(3) ③　(4) ③

7

解説 各文の（　　）に入れるべき適切な単語を選択する問題です。

(1) Cinq est la (　　) de dix.「5 は 10 の（　　）だ」となっています。この文からは主語の 5 が文末の 10 の半分であると言いたいのだと推測できます。くわえて（　　）の直前に定冠詞 la がありますので、女性名詞で、「半分」の意味を表わす名詞を選択肢から選ばなくてはなりません。この条件にあてはまるのは、④ moitié 女「半分」になります。得点率は 43％でした。

(2) Il n'y a plus de lait dans le (　　).「（　　）にはもう牛乳はありません」となっています。（　　）の直前に定冠詞 le がありますので、男性名詞で、牛乳が置かれているような場所を表わす名詞を選択肢からさがしましょう。選択肢には ③ frigo 男「冷蔵庫」があり、条件にあてはまります。得点率は 76％でした。

(3) Le plein (　　) est à onze euros.「完全な（　　）は 11 ユーロです」となっています。plein は「いっぱいの、完全な」という意味の形容詞ですが、（　　）に名詞が入らないと意味はきめられません。Le plein から男性名詞が入ることがわかりますから、男性名詞で、11 ユーロという金額とも矛盾のしないものを選択肢からさがしてみましょう。すると、意味をなすものは ⑥ tarif 男「料金」しかありません。これを入れるなら le plein tarif「普通料金」となって文意が通じます。得点率は 39％でした。

(4) Le train est un des moyens de (　　　) les plus utilisés.「列車はもっとも多く用いられる（　　　）の手段の1つだ」となっています。(　　　) の後の最上級の形容詞はその形（男性複数形）から moyens にかかっていることが推測されますから、手段の内容をより詳しく述べる語が入ることが予想されます。選択肢を検討すると⑦ transport 男「交通」があり、これを入れると moyen de transport「交通手段」となって文意が通じます。得点率は80%でした。

(5) On voit toute la ville du haut de la (　　　).「(　　　) の上から町全体が見える」となっています。(　　　) の前の定冠詞から女性単数名詞が入ることがわかります。文意からは、そこから町を見下ろせるような場所が入ることが推測されますから、選択肢では① colline 女「丘」がすべての条件にあてはまります。得点率は38%でした。

(6) Remplissez cette (　　　), s'il vous plaît.「この（　　　）を満たして（記入して）ください」となっています。(　　　) の前の指示形容詞 cette から、ここにも女性単数名詞が入ることがわかります。選択肢の中で「満たせる」、あるいは「記入できる」女性名詞を検討すると、② feuille 女「(1枚の）紙」があてはまります。得点率は6問中もっとも低く、24%でした。feuille は辞書では最初に「葉」の意味が出てきますが、今回のように「紙」の意味でもよく使われますので合わせて覚えておきましょう。

正解とならなかった選択肢は、⑤ permis 男「免許証」と⑧ vaisselle 女「食器洗い」です。

この問題の平均得点率は50%で、2021年秋季と比べると12ポイントほど下がっています。言うまでもなく、外国語習得のためには文法の理解にくわえ語彙の暗記が決定的に重要です。まずは『仏検公式基本語辞典　3級・4級・5級』などを利用し、基本的な語彙からおさえていってください。

解答　(1) ④　(2) ③　(3) ⑥　(4) ⑦　(5) ①　(6) ②

8　解説　長文の内容を読み取る問題です。

父のあとをついで歯医者になろうとスウェーデンに留学しているフロリアンのことが語られています。ポイントをおさえながら、正確に読み解いていきましょう。

まず本文に出てくる単語と表現を見ておきます。
dentiste 男·女「歯医者」、clinique 女「私立病院」、se trouve (se trouver)「～にある」直説法現在、village 男「村」、près de...「～の近く」、mort, *e*「亡くなった」、naissance 女「誕生」、également「同様に」、d'abord「最初」、cuisinier, *ère*「料理人」、faire la cuisine「料理をする」、est tombé(tomber) malade「病気になる」直説法複合過去、habitant, *e*「住人」、avaient(avoir) mal aux dents「歯が痛い」直説法半過去、étaient(être) obligés de...「～を余儀なくされる」直説法半過去、métier 男「職業」、absolument「絶対に」、fait(faire) des études「学ぶ」直説法現在、restera(rester)「とどまる」直説法単純未来、travaillera(travailler)「働く」直説法単純未来、compte(compter) offrir「提供するつもりである」直説法現在、les meilleurs soins 男「最良の医療」

(1)「フロリアンの父の歯科医院はニース近郊の村にある」については、第 1 段落 1～2 行目に Sa clinique se trouve dans un village près de Nice.「彼の医院はニース近郊の村にある」とありますから、本文の内容と一致します。得点率は 98％でした。

(2)「フロリアンの祖父は、彼が生まれる前に亡くなった」については、第 1 段落 2～3 行目に Son grand-père, mort avant la naissance de Florian, était dentiste également.「彼（フロリアン）の祖父は、フロリアンの生まれる前に亡くなっていたが、同様に歯医者だった」とありますから、本文の内容と一致します。得点率は 92％でした。

(3)「フロリアンは最初から歯科医になりたかった」については、第 2 段落 1～2 行目に D'abord, Florian voulait devenir cuisinier, parce qu'il aimait faire la cuisine avec sa mère.「最初は、フロリアンは料理人になりたかった。というのも彼は母と料理をするのが好きだったからだ」とありますから、本文の内容とは一致しません。得点率は97%でした。

(4)「フロリアンの父は、歯科医の仕事を1年以上休んだことはない」については、第2段落2～3行目に、Mais, quand il avait neuf ans, son père est tombé malade et n'a pas pu travailler pendant deux ans.「だが、彼（フロリアン）が9歳の時、彼の父は病気になり、2年間働くことができなかった」とありますから、本文の内容とは一致しません。得点率は91%でした。

(5)「フロリアンはスウェーデンであと数年間学業をつづける」については、第3段落1～2行目に、Pour devenir dentiste, Florian fait maintenant des études en Suède où il restera encore un an.「歯医者になるために、フロリアンは今スウェーデンで学んでおり、そこにあと1年滞在するつもりだ」とあります。「数年間」ではなく encore un an「あと1年」とはっきり書かれていますから、本文の内容とは一致しません。得点率は73%でした。

(6)「フロリアンは父の歯科医院で働くつもりはない」については、第3段落2～4行目に、Quand il travaillera dans la clinique de son père, il compte offrir les meilleurs soins dentaires aux habitants du village.「彼（フロリアン）が父の医院で働くときには、村人たちに最良の歯科医療を提供したいと考えている」とあります。したがって本文の内容とは一致しません。得点率は95%でした。

この問題の平均得点率は91%でした。

解答　(1) ①　(2) ①　(3) ②　(4) ②　(5) ②　(6) ②

9　**解説**　適切なフランス語の文を選んで（　）に入れ、会話を完成させる問題です。

(1) ジルの1番目のせりふは Maman, je peux te demander (1) pour mon anniversaire ?「お母さん、ぼくの誕生日に（ 1 ）をお願いしてもいいかな」となっています。それに対して母親は Mais oui, je t'écoute.「もちろんいいわよ、言ってごらん」と応じています。したがってジルは具体的な何かではなく、誕生日プレゼント自体をお願いできるかどうかを尋ねているのだと推測できます。すると選択肢の中でもっとも適切なものは⑤ quelque chose で je peux te demander (quelque chose) pour mon anniversaire ?「ぼくの誕生日に何かお願いしてもいいかな」となります。得点率は 85%でした。

(2)　母親から「もちろんいいわよ、言ってごらん」と言われた後、ジルは Je voudrais une trottinette.「キックスクーターが欲しいんだ」と答えています。それに対してお母さんは、Une trottinette ? C'est (　2　) ?「キックスクーター？それは（　2　）？」とさらに尋ね、ジルは C'est une sorte de vélo, mais plus petit.「自転車の一種だけど、もっと小さいんだ」とキックスクーターの説明をしています。このやり取りからジルの母親はキックスクーターというもの自体を知らなかったことがわかりますから、選択肢では⑦ quoi「何」がもっとも適切で、C'est (quoi) ?「それ何？」となります。得点率は 62%でした。

(3)　ジルからキックスクーターの説明をうけた母親は、Pourquoi tu en veux une ?「どうしてそれが欲しいの」と尋ねています。中性代名詞 en でキックスクーターをうけていることはその後の不定冠詞 une からもわかりますね。すると、ジルは Pour aller faire du foot après l'école.「放課後にサッカーをしに行くためだよ」と答えています。すると母親はさらに (　3　) un vrai vélo ? Tu seras bientôt lycéen.「本当の自転車（　3　）？あなたもうすぐ高校生になるのよ」とさらに尋ねています。この最初の文を疑問文として意味をなすようにするためには、疑問詞が必要ですから、選択肢をさがすと③ pourquoi pas がもっとも適切です。つまり (Pourquoi pas) un vrai vélo ?「どうして本当の自転車じゃだめなの」となります。得点率は 66%でした。

(4)　母親からそのように言われたジルは、Mais non, la trottinette, c'est mieux, (　4　) c'est plus pratique.「ちがうよ、キックスクーターの方がいいんだよ。（　4　）それはもっと便利なんだよ」と応じています。つまり、ジルは自転車ではなくキックスクーターが欲しい理由を説明しているのだと推測されますので、選択肢の中では理由を説明する② parce que が適切です。

あてはめるなら Mais non, la trottinette, c'est mieux, (parce que) c'est plus pratique.「ちがうよ、キックスクーターの方がいいんだよ。だってもっと便利なんだから」となります。得点率は70%でした。

この問題の平均得点率は71%でした。

解答　(1) ⑤　(2) ⑦　(3) ③　(4) ②

聞き取り試験

解説・解答

1

（読まれる会話文）

Marie : Paul, tu rentres à quelle heure ce soir ?

Paul : Je suis très occupé aujourd'hui, mais je serai là avant six heures, c'est certain.

Marie : Bon. Tu as donc le temps d'acheter un gâteau avant de rentrer ?

Paul : Oui. Je connais une pâtisserie qui semble à la mode.

Marie : Tu parles de la pâtisserie en face de ton bureau ?

Paul : Oui, celle-là.

解説　部分書き取りの問題です。マリーがポールにケーキを買って帰ってくるようにとたのむ会話です。

(**1**)　まずマリーがポールに Paul, tu rentres à quelle heure ce soir ?「ポール、今晩何時に帰ってくるの」と尋ねています。それに対してポールはまず、Je suis très (occupé) aujourd'hui,「きょうはとても忙しいんだ」と答えています。ポールは 1 人の男性ですので、性数の一致は必要ありません。得点率は 50% でした。

(**2**)　ポールのせりふはつづきます。mais je serai là avant six heures, c'est (certain)「でも 6 時前には確実に帰ってるよ」と答えています。*sertant* や *certant* など誤答がかなりありました。それほどむずかしいつづりの単語でもありませんので、確実に覚えておいてください。得点率は23%でした。

(3) ポールの言葉に対して、マリーはBon. Tu as donc le (temps) d'acheter un gâteau avant de rentrer ?「そう。じゃあ帰ってくる前にケーキを買う時間はある？」と尋ねています。誤答として*ton*や*temp*が多く見られましたが、そもそも*ton*では意味が通じません。また*temp*と最後のsを忘れてしまった人はこのsが複数のsと勘ちがいしてしまったのではないでしょうか。これはもちろん複数のsではなくつづりにもとから含まれるsですので、まちがえずに覚えておきましょう。得点率は35%でした。

(4) マリーの問いかけにポールはOui. Je connais une pâtisserie qui (semble) à la mode.「うん。流行っているように見えるお菓子屋さんを知ってるよ」と答えています。こちらも正しくつづれていない*sombre*や*somble*という誤答を多く見かけました。emの鼻母音[ɑ̃]はやや深い音で[ɔ̃]と聞こえてしまったのかもしれませんが、誤答のようなつづりでは意味をなしません。得点率は31%でした。

(5) ポールの言葉に対して、マリーはTu parles de la pâtisserie (en face) de ton bureau ?「あなたの職場の真向いにあるケーキ屋さんのこと？」と確認し、ポールがOui, celle-là.「うん、そこのことだよ」と応じています。問題文にあるように、(　　　) 内に入るのは1語とはかぎりませんので注意しましょう。face「顔、(ものの) 面、正面」を*fasse*と書いてしまったり、(4)と同様にen[ɑ̃]が[ɔ̃]と聞こえたのか、*on*とした誤答が見られました。いずれもそれでは意味をなしません。得点率は32%でした。

この問題の平均得点率は34%でした。2021年秋季とくらべ9ポイントほど下がっています。聞こえた語を書き取る学習（ディクテ）はフランス語習得のためにもひじょうに有効で、準2級以上の試験では文章を書き取る問題となります。近ごろはスマホのアプリなどでもディクテの練習ができるものがあります。ぜひ日ごろの勉強に取り入れてみてください。

解答 (1) occupé　(2) certain　(3) temps　(4) semble
(5) en face

2

（読まれる文）

(1) Elle lit un livre sur un banc.
(2) Elle achète des livres dans la librairie.
(3) Elle rend un livre à la bibliothèque.
(4) Elle montre son livre à une amie.
(5) Elle prête son livre à un ami.

解説 聞き取ったフランス語の文にもっともふさわしい状況を表わす絵を選ぶ問題です。今回の問題ではすべての絵に「女性」と「本」livre(s) が描かれています。「彼女」が「本」をどうしているかを聞き取れるかが問われます。

(1) 「彼女はベンチで本を読んでいる」という意味です。lire「読む」の活用形や、banc「ベンチ」が聞き取れているかということにくわえ、livre の不定冠詞 un も聞き取る際のポイントです。そのような様子が描かれているのは ③ で、これが正答です。得点率は 66%でした。

(2) 「彼女は書店で本を（数冊）買う」という意味です。この問題では動詞 acheter「買う」の活用形が Elle achète とアンシェヌマンで主語とつなげて読まれますので、ここが聞き取る際のポイントの 1 つとなります。くわえて librairie「書店」も聴解のポイントです。文の内容と合致する絵は ② しかありませんので、これが正答です。得点率は 72%でした。

(3) 「彼女は図書館に（1 冊の）本を返す」という意味です。rendre「返す」という語にくわえて、(1)と同じく、livre に不定冠詞 un がついており、さらに bibliothèque「図書館」とありますので、これらの条件にあてはまる絵はおのずと ⑥ になります。得点率は 76%でした。

(4) 「彼女は（自分の）本を友人に見せる」という意味になります。montrer

は「見せる」という意味の動詞で、また聞き取る際には une amie「(1人の女性の) 友人」に注意が必要です。というのもこの友人が男性か女性か区別できないと、④も⑨もあてはまってしまうからです。つづりでは amie は女性形であることがわかりますが、発音には男女の区別は表われません。一方で直前の不定冠詞 une は男性形 un と発音がことなりますから、ここで友人が女性であると判断するわけです。以上から読まれた文に合致する絵は⑨ということになります。得点率は73%でした。

(5)「彼女は（自分の）本を友人に貸す」という意味です。prêter「貸す」という動詞にくわえ、今度は un ami「(1人の男性の) 友人」であることに注意しましょう。(4)と同様に不定冠詞 un の発音から友人が男性であることがわかれば、合致する絵は④ということになります。得点率は73%でした。

この問題の平均得点率は72%でした。

解答　(1) ③　(2) ②　(3) ⑥　(4) ⑨　(5) ④

3

(読まれる会話文)

Clément : Où est-ce que tu es allée pendant les vacances ?

Aurélie : Je suis retournée chez mes parents en voiture. Ils habitent dans une ville du sud de la France. J'y suis restée deux semaines.

Clément : Qu'est-ce que tu as fait là-bas ?

Aurélie : J'ai nagé dans la mer et je me suis promenée au jardin des plantes dans le centre-ville.

Clément : Est-ce qu'il est grand, ce jardin ?

Aurélie : Oui, c'est un des plus grands de France.

解説 会話文を聞き取り、日本語の文がその内容に一致しているかどうかを答える問題です。クレマンがオレリーに、休暇中どこへ行き、何をしていたのかを尋ねています。この問題に取り組む前に、かならず(1)～(5)に目を通しておき、2人の間でどのような会話がなされたのかを注意深く聞き取ってください。

(1) 「オレリーは休暇中に列車で両親のもとへ帰った」については、クレマンの Où est-ce que tu es allée pendant les vacances ?「休暇中どこへ行ったの」に対し、オレリーが Je suis retournée chez mes parents en voiture.「私は車で両親のもとへ帰ったの」と答えていますので、対話の内容に一致しません。得点率は92%でした。

(2) 「オレリーの両親は南フランスのある町に住んでいる」については、さきほどの言葉につづけてオレリーが Ils habitent dans une ville du sud de la France.「彼ら（両親）は南フランスのある町に住んでいるのよ」と言っていますので、対話の内容に一致します。得点率は92%でした。

(3) 「オレリーは両親のもとに2週間滞在した」については、オレリーは J'y suis restée deux semaines.「私はそこに2週間滞在したの」と言っていますから、対話の内容と一致します。主語 Je とエリジオンでつながっている中性代名詞 y はここでは chez mes parents を指しています。得点率は96%でした。

(4) 「オレリーは休暇中に海で泳がなかった」については、クレマンのオレリーに対する質問 Qu'est-ce que tu as fait là-bas ?「そこで何をしていたの」に、オレリーが J'ai nagé dans la mer et je me suis promenée au jardin des plantes dans le centre-ville.「海で泳いで、町の中心にある植物園で散歩をしていたわ」と答えていますので、対話の内容に一致しません。得点率は87%でした。

(5) 「オレリーの両親が住む町の植物園はフランスでもっとも大きいもののひとつだ」については、クレマンがオレリーに Est-ce qu'il est grand, ce jardin ?「その植物園って大きいの」と尋ねたのに対し、オレリーが

Oui, c’est un des plus grands de France.「うん、フランスでもっとも大きいもののひとつなのよ」と答えていますから、対話の内容に一致します。得点率は96%でした。

この問題の平均得点率は93%でした。

解答　(1) ②　(2) ①　(3) ①　(4) ②　(5) ①

配点表

問題番号	筆記試験	1	2	3	4	5	6	7	8	9	小計	聞き取り	1	2	3	小計	合計
点		8	10	8	8	8	8	6	6	8	70		10	10	10	30	100

2022年度秋季
実用フランス語技能検定試験
試験問題冊子 〈3 級〉

問題冊子は試験開始の合図があるまで開いてはいけません。

筆 記 試 験	15 時 20 分 ～ 16 時 20 分 (休憩なし)
聞き取り試験	16 時 20 分から約 15 分間

◇問題冊子は表紙を含め 16 ページ、筆記試験が 9 問題、聞き取り試験が 3 問題です。

注　意　事　項

1 途中退出はいっさい認めません。

2 筆記用具は **HB または B の黒鉛筆** (シャープペンシルも可) を用いてください。ボールペンや万年筆等でマークした解答は機械による読み取りの対象とならないため、採点されません。

3 解答用紙の所定欄に、**受験番号**と**カナ氏名**が印刷されていますから、まちがいがないか、**確認**してください。

4 **マーク式の解答は、解答用紙の解答欄にマークしてください。**たとえば、3 の (1) に対して ③ と解答する場合は、次の例のように解答欄の ③ にマークしてください。

例 3

解答番号	解　答　欄
(1)	① ② ●

5 記述式の解答の場合、正しく判読できない文字で書かれたものは採点の対象となりません。

6 解答に関係のないことを書いた答案は無効にすることがあります。

7 解答用紙を折り曲げたり、破ったり、汚したりしないように注意してください。

8 問題内容に関する質問はいっさい受けつけません。

9 不正行為者はただちに退場、それ以降および来季以後の受験資格を失うことになります。

10 **携帯電話等の電子機器の電源はかならず切って、かばん等にしまってください。**通信機能のある時計は使用を禁じます。

11 **時計のアラームは使用しないでください。**

12 この試験問題の複製 (コピー) を禁じます。また、この試験問題の一部または全部を当協会の許可なく他に伝えたり、漏えいしたりすることを禁じます (インターネットや携帯サイト等に掲載することも含みます)。

筆記試験終了後、休憩なしに聞き取り試験にうつります。

1

次の日本語の表現 (1) ～ (4) に対応するように、(　　) 内に入れるのにもっとも適切なフランス語 (各 1 語) を、**示されている最初の文字とともに**、解答欄に書いてください。(配点　8)

(1)　お父さんによろしく。

(D　　) bonjour à ton père pour moi.

(2)　ごめんなさい。

Je vous demande (p　　).

(3)　さあ、召《め》し上《あ》がれ。

(B　　) appétit !

(4)　論外だ。

Pas (q　　) !

(解説・解答 ▶ p.69)

2　次の対話 (1) ～ (5) の (　　) 内の語を必要な形にして、解答欄に書いてください。(配点　10)

(1) — Céline n'est plus à Paris ?
— Non, elle (partir) il y a deux semaines.

(2) — Je crois que j'ai de la fièvre.
— C'est vrai, tu as mauvaise mine. (Aller) te coucher.

(3) — Qu'est-ce que tu feras en Europe ?
— Je (visiter) l'Espagne et l'Italie.

(4) — Qu'est-ce que vous faisiez quand je vous ai téléphoné hier ?
— Nous (regarder) la télé.

(5) — Vous connaissez Amadou ?
— Bien sûr ! On (se voir) tous les jours, en ce moment.

(解説・解答 ▶ p.70)

3　次の (1) ～ (4) の (　　) 内に入れるのにもっとも適切なものを、それぞれ ① ～ ③ のなかから 1 つずつ選び、解答欄のその番号にマークしてください。(配点　8)

(1) C'est le village (　　) mon grand-père est né.
① dont　② où　③ que

(2) Il y a (　　) qui vous attend devant la porte.
① aucun　② chacun　③ quelqu'un

(3) Les chiens ont soif. Donne-(　　) de l'eau, s'il te plaît.
① eux　② les　③ leur

(4) Vous parlez de (　　)?
① celui　② personne　③ qui

(解説・解答 ▶ p.72)

4　次の (1) ～ (4) の (　　) 内に入れるのにもっとも適切なものを、下の ① ～ ⑥ のなかから 1 つずつ選び、解答欄のその番号にマークしてください。ただし、同じものを複数回用いることはできません。(配点　8)

(1) Elle a travaillé toute la journée (　　) rien manger.

(2) Il s'est longtemps reposé (　　) de partir.

(3) Je suis trop fatigué (　　) courir plus vite.

(4) La couleur de ma voiture est (　　) le bleu et le vert.

① avant　② en　③ entre
④ pendant　⑤ pour　⑥ sans

(解説・解答 ▶ p.73)

5

例にならい、次の (1) ～ (4) において、それぞれ ① ～ ⑤ をすべて用いて文を完成したときに、(　　) 内に入るのはどれですか。① ～ ⑤ のなかから 1 つずつ選び、解答欄のその番号にマークしてください。(配点　8)

例 : Je finis ________ ________ (________) ________ ________ possible.

① le　② mon　③ plus　④ travail　⑤ vite

Je finis __mon__ __travail__ (__le__) __plus__ __vite__ possible.

　　　　②　④　①　③　⑤

となり、② ④ ① ③ ⑤ の順なので、(　　) 内に入るのは ①。

(1) La réunion a _____ _____ (_____) _____ _____ .

① deux　② les　③ lieu　④ mois　⑤ tous

(2) L'hôpital est à _____ _____ (_____) _____ _____ la gare.

① à　② cinq　③ de　④ minutes　⑤ pied

(3) L'orage _____ _____ (_____) _____ _____ au tennis.

① a　② de　③ empêchés　④ jouer　⑤ nous

(4) Ses chaussures _____ _____ (_____) _____ _____ .

① les　② meilleures　③ miennes　④ que　⑤ sont

(解説・解答 ▶ p.75)

6　次の (1) ～ (4) の **A** と **B** の対話を完成させてください。**B** の下線部に入れるのにもっとも適切なものを、それぞれ ① ～ ③ のなかから 1 つずつ選び、解答欄のその番号にマークしてください。(配点　8)

(1) **A** : Hier j'ai rencontré Aya.
B : ____________________
A : Non, elle était avec son copain.

① Elle était avec quelqu'un ?
② Elle était toute seule ?
③ Qu'est-ce qu'elle faisait alors ?

(2) **A** : Monsieur Beaumont n'est pas là ?
B : ____________________
A : D'accord. Je l'attends ici.

① Il revient dans un quart d'heure.
② Monsieur Beaumont ? C'est qui ?
③ Votre nom, s'il vous plaît.

(3) **A** : Tu connais cette actrice française ?
B : ____________________
A : Elle est actrice et musicienne.

① Laquelle ?
② Mais attends, elle est italienne, elle !
③ Oui, mais je croyais qu'elle était musicienne.

(4) **A** : Vous aimez le fromage ?
B : ____________________
A : Ah bon ? Il en mange tous les jours ?

① Moi, non. Mais mon mari adore ça.
② Oui. Il y en a toujours dans mon frigo.
③ Pas du tout. Et mon mari non plus.

(解説・解答 ▶ p.76)

7　次の (1) ～ (6) の (　　) 内に入れるのにもっとも適切なものを、下の ① ～ ⑧ のなかから 1 つずつ選び、解答欄のその番号にマークしてください。ただし、同じものを複数回用いることはできません。(配点　6)

(1) Elle a mis de la monnaie dans sa (　　).

(2) Nous avons eu une longue (　　) sur l'environnement.

(3) Passez-moi une (　　) pour servir ce poisson.

(4) Pour rester en bonne (　　), on doit faire du sport.

(5) Quelle (　　)! Allons vite dans un endroit frais.

(6) Sa (　　) de parler me rappelle mon oncle Thomas.

① assiette　② chaleur　③ discussion　④ façon
⑤ fenêtre　⑥ figure　⑦ poche　⑧ santé

(解説・解答 ▶ p.78)

8　次の文章を読み、下の (1) ～ (6) について、文章の内容に一致する場合は解答欄の ① に、一致しない場合は ② にマークしてください。(配点　6)

Dans son enfance, Virginie allait souvent au musée des sciences à l'ouest de Paris. Grâce au planétarium* de ce musée, elle s'est intéressée très tôt aux étoiles.

Ensuite, Virginie a étudié l'astronomie** à l'université. Après ses études, elle a enseigné les mathématiques au lycée pendant six ans. Et maintenant elle est employée dans ce musée. Dans la « Salle des étoiles », elle montre les constellations*** aux enfants et explique avec des mots simples leurs mouvements dans le ciel.

Le planétarium marche encore bien mais il est devenu vieux. Il va être remplacé cet hiver. Le nouveau planétarium ouvrira le 10 décembre. Virginie y travaillera comme directrice.

* planétarium : プラネタリウム
** astronomie : 天文学
*** constellation : 星座

(1)　ヴィルジニーが子どものころに行った科学館はパリの中心部にある。

(2)　ヴィルジニーが星に興味をもつようになったのは大学生のときである。

(3)　ヴィルジニーは大学卒業後すぐに科学館で働きはじめた。

(4)　ヴィルジニーは科学館で子どもを対象に星座の動きについて説明している。

(5)　プラネタリウムは古くなって故障した。

(6)　新しいプラネタリウムは 12 月 10 日に営業を開始する。

(解説・解答 ▶ p.79)

9　次の会話を読み、(1)～(4)に入れるのにもっとも適切なものを、下の ① ～ ⑦ のなかから1つずつ選び、解答欄のその番号にマークしてください。ただし、同じものを複数回用いることはできません。(配点　8)

Le vendeur : Bonjour monsieur, je peux vous aider ?
Laurent : Oui. J'aimerais offrir un bouquet* de roses à ma mère.
Le vendeur : Très bien. Vous voulez (1) de roses ?
Laurent : J'en voudrais 20. C'est (2) pour un bouquet ?
Le vendeur : Oui. Ce sera un joli bouquet. Vous préférez des roses de (3) ?
Laurent : Donnez-moi 10 roses rouges et 10 blanches, s'il vous plaît.
Le vendeur : Je suis (4). Nous n'avons plus que 5 roses blanches.
Laurent : Alors, donnez-moi 20 roses rouges.
Le vendeur : D'accord. Ça fera 30 euros, monsieur.

* bouquet : 花束、ブーケ

① assez
② autant
③ combien
④ content
⑤ désolé
⑥ plus
⑦ quelle couleur

(解説・解答 ▶ p.81)

聞き取り試験問題
(部分的な書き取りを含む)

聞 き 取 り 試 験 時 間 は、 16 時 20 分 か ら 約 15 分 間

注 意 事 項

1　聞き取り試験は、CD・テープでおこないますので、CD・テープの指示にしたがってください。

2　解答はすべて筆記試験と同じ解答用紙の解答欄に、**HB または B の黒鉛筆**(シャープペンシルも可)で記入またはマークしてください。ボールペンや万年筆等でマークした解答は機械による読み取りの対象とならないため、採点されません。

1

シルヴィーとモーリスの会話を聞いてください。

- 1 回目は全体を通して読みます。
- 2 回目は、ポーズをおいて読みますから、(1) ～ (5) の部分を解答欄に書き取ってください。それぞれの (　　) 内に入るのは 1 語とはかぎりません。
- 最後 (3 回目) に、もう 1 回全体を通して読みます。
- 読み終えてから 60 秒、見なおす時間があります。
- 数を記入する場合は、算用数字で書いてください。

(メモは自由にとってかまいません) (配点　10)

［ 音声を聞く順番 ］ 08 → 09 → 08

Sylvie : Tu as des (1) chez toi ?
Maurice : Oui, j'ai un chien.
Sylvie : Il est comment ?
Maurice : Il est petit et (2). Il reste toujours dans ma (3).
Sylvie : Tu ne le (4) pas ?
Maurice : Si, tous les matins.
Sylvie : Et il aime sortir ?
Maurice : Pas tellement. Il (5) des autres chiens.

(解説・解答 ▶ p.84)

2

• フランス語の文 (1) ～ (5) を、それぞれ3回ずつ聞いてください。
• それぞれの文にもっともふさわしい絵を、下の ① ～ ⑨ のなかから1つずつ選び、解答欄のその番号にマークしてください。ただし、同じものを複数回用いることはできません。
（メモは自由にとってかまいません）（配点　10）

［音声を聞く順番］ ❿ → ⓫

(1)
(2)
(3)
(4)
(5)

①

②

③

④

⑤

⑥

⑦

⑧

⑨

（解説・解答 ▶ p.86）

3

- フィリップとマルゴの会話を 3 回聞いてください。
- 次の (1) ～ (5) について、会話の内容に一致する場合は解答欄の ① に、一致しない場合は ② にマークしてください。
  （メモは自由にとってかまいません）（配点　10）

［ 音声を聞く順番 ］ ⓬ → ⓭ → ⓮

(1)　マルゴが働いていたスーパーマーケットは駅の向かいにある。

(2)　マルゴは 3 ヵ月前にスーパーマーケットをやめた。

(3)　マルゴが働いていたスーパーマーケットの店主は親切だった。

(4)　マルゴはスーパーマーケットで働くために毎朝 5 時に起きていた。

(5)　マルゴは失業中である。

（解説・解答 ▶ p.87）

2022 年度秋季 3 級

今季の出願者数は 2,689 名（うち受験者は 2,388 名）でした。合格者数は 1,527 名、対実受験者合格率は 64％でした。なお平均点は 64 点（筆記得点率 63％、聞き取り得点率 68％）、合格基準点は 60 点でした。

出題内容のあらまし

[筆記]

1 語彙（記述）
2 動詞活用（対話文・記述）
3 代名詞（穴うめ・選択）
4 前置詞（穴うめ・選択）
5 語順（語の並べかえによる仏文完成）
6 対話文（仏文選択）
7 短文（穴うめ・選択）
8 説明文（内容一致・和文選択）
9 会話文（穴うめ・仏文選択）

[聞き取り]

1 会話文の部分書き取り（穴うめ・記述）
2 短文聞き取り（仏文に一致する絵の選択）
3 会話文聞き取り（内容一致・和文選択）

筆記試験

解説・解答

1 **解説** 日常的な慣用表現で使われている単語を記述する問題です。

(1) 「お父さんによろしく」は (Dis) bonjour à ton père pour moi. となります。得点率は44％でした。（　　　）のなかに入れるべき動詞が dire で、それを命令形にしなければならないと気づいていたにもかかわらず、*Dites*、*Dit*、*Ditez*、*Dits* などとしてしまった誤答がたくさんありました。à ton père とありますので、dire を2人称単数の tu に対する命令形にしなければなりません。dire の直説法現在の活用も再確認しておいてください。また、〈donner (bien) le bonjour à ＋ A de (la part de) B」〉「B から A によろしくと伝える」という表現と混同したのか、*Donne* や *Donnez* などの誤答も数多く見られました。また、命令形の dis を使った類似の表現として、Léo, dis bonsoir à Papa et va te coucher.「レオ、パパにおやすみを言って寝なさい」などもあります。いっしょに覚えておきましょう。

(2) 「ごめんなさい」は Je vous demande (pardon). となります。得点率は35％でした。「ごめんなさい」や「すみません」といった謝罪の表現は Excusez-moi. Je m'excuse. Je suis désolé(e). Je suis vraiment navré(e). などいくつか考えられますが、ここでは p で始まる単語が要求されていますので、pardon が正答になります。間投詞的に使って、Pardon ! と言っただけでも、「ごめんなさい」の意味になります。また、謝罪されたときは、ふつう、「ご心配なく」とか「だいじょうぶです」などと返答しますが、それにもいくつか定型の表現があります。たとえば、Ce n'est rien. Ce n'est pas grave. Pas de problème. Il n'y a pas de mal. Il n'y a pas de souci. などです。こちらもよく使われる便利な表現ですので、覚えておくと役に立ちます。

(3) 「さあ、召し上がれ」は (Bon) appétit ! となります。bon を使った代表的な表現だったこともあって、正答率は87％ときわめて高い数値が出ました。誤答のほとんどは *Bonne* と bon を女性形にしたものでした。bon や bonne を使った定型表現はたくさんありますので、辞書などできちんと確認しておきましょう。

(4)「論外だ」は Pas (question) ! となります。得点率は58%でした。*questions* や *quéstion* などの誤答がたくさんありました。Pas question ! は、たとえば、Tu voyages avec eux ? Pas question !「彼らといっしょに旅行するだって、とんでもない」のように強い否定や拒否を表現します。この表現とよく混同されがちなのが、Pas de question. です。これは Il n'y a pas de question. ということですので、「なにも問題はありません」という意味です。両方の表現をきちんと区別する必要があります。

この問題の平均得点率は56%でした。

解答　(1) Dis　(2) pardon　(3) Bon　(4) question

2　**解説**　フランス語の応答文を読み、意味をとらえて動詞の法と時制をきめ、その活用を記述する問題です。

(1) — Céline n'est plus à Paris ?「セリーヌはもうパリにはいないのですか」— Non, elle (est partie) il y a deux semaines.「ええ、2週間前に出発しました」となります。il y a deux semaines「2週間前」という明確に過去に起こった事実を示す副詞句がありますので、partir を複合過去に活用させなければなりません。ここで忘れてならないことは、partir の助動詞は être であること、また主語 elle は女性単数形なので、過去分詞を性数一致させる必要があるということです。得点率は30%でした。性数一致を忘れてしまった *est parti* や、助動詞をまちがえた *a parti* などの誤答がたくさんありました。

(2) — Je crois que j'ai de la fièvre.「熱があるみたい」— C'est vrai, tu as mauvaise mine. (Va) te coucher.「本当だ、顔色が悪いね。さあ、寝ないと」となります。代名動詞 se coucher「寝る」が te coucher となっていることから判断して、(　　　)のなかには2人称単数 tu に対する aller の命令形が入ることがわかります。直説法現在で aller を活用させた場合、主語が tu のときはtu vasとなりますが、命令形にするときは、第1群規則動詞（-er型動詞）と同じように、主語をはぶくだけでなく、vasの語末のsもとらなければなりません。sをつけたままの*Vas*と答えた受験者が3分の1ほどいました。得点率は30%でした。

(3) — Qu'est-ce que tu feras en Europe ?「ヨーロッパでは何をするつもりですか」— Je (visiterai) l'Espagne et l'Italie.「スペインとイタリアに行く予定です」となります。問いの文の動詞の時制がfaireの単純未来形になっていて、将来の予定を尋ねていますので、答えの方もvisiterを単純未来形にします。*visitrai*、*visiterais*、*visitera*などの誤答がありました。得点率は48%でした。

(4) — Qu'est-ce que vous faisiez quand je vous ai téléphoné hier ?「きのう私が電話をしたとき、あなたたちは何をしていましたか」— Nous (regardions) la télé「テレビを見ていました」となります。問いの文がQu'est-ce que vous faisiez [...] ?「あなたたちは何をしていましたか」と半過去形で過去において継続中だった行為や動作の状態を尋ねていますので、答えの方も半過去形で答えます。複合過去形の*avons regardé*とした誤答がたくさんありましたが、これでは、「テレビを見ていた」ではなく、「テレビを見た」となってしまいますので不適切です。得点率は50%でした。

(5) — Vous connaissez Amadou?「あなたはアマドゥーのことを知っていますか」— Bien sûr ! On (se voit) tous les jours, en ce moment.「もちろんです。私たちは今、毎日会っています」となります。問いの文Vous connaissez Amadou ?の時制は現在形ですし、答えの文にはen ce moment「今」という副詞句がありますので、(　　　)のなかには代名動詞se voirの現在形が入ることがわかります。主語がonのとき、動詞は3人称単数形にしなければなりません。得点率は44%でした。

この問題の平均得点率は40%でした。

解答　(1) est partie　(2) Va　(3) visiterai
(4) regardions　(5) se voit

3 解説 適切な代名詞を選ぶ問題です。

(1) C'est le village (où) mon grand-père est né.「それは私の祖父が生まれた村です」となります。① dont は de をふくむ関係代名詞です。Je connais une fille **dont** la mère est avocate.「私は母親が弁護士をしている少女を知っている」とか、Voilà le livre **dont** il vous a parlé.「彼があなたに話した本がそれです」のように使いますが、この問いの文では dont はうまくつながりません。また③ que は関係代名詞としては Les roses **que** Jean m'a offertes sont très jolies.「ジャンがプレゼントしてくれたバラの花はとってもきれいです」(関係詞節の動詞の直接目的語) や Il n'est plus l'homme **qu**'il était.「彼はもうむかしの彼ではありません」(関係詞節の動詞の属詞) のように使いますが、ここにはうまくあてはまりません。なぜなら、関係詞節の中の動詞 est né(naître) が直接目的語や属詞をとることはないからです。「場所」を先行詞としてとる② où が正答になります。関係代名詞 où はまた「時」を先行詞とすることもあります。Je me souviens bien du jour **où** je l'ai vue pour la première fois.「彼女とはじめて会った日のことをよく覚えています」のような例です。こちらの用法も覚えておいてください。得点率は80%でした。

(2) Il y a (quelqu'un) qui vous attend devant la porte.「ドアの前にあなたを待っている人がいます」となります。これは関係詞節 qui vous attend devant la porte「ドアの前であなたを待っている」の主格の先行詞は何か、だれが「あなたを待っているのか」という問いです。① aucun は不定代名詞のときは、否定文で ne や sans などとともに使われますが、この文には否定を表わす語がありませんので不適切です。② chacun は不定代名詞として、「それぞれが」の意味で使われますが、これも不適切です。「だれか」を意味する③ quelqu'un が正答になります。得点率は65%でした。

(3) Les chiens ont soif. Donne-(leur) de l'eau, s'il te plaît.「犬はのどがかわいています。水をあげてください」となります。donner「与える」には montrer「見せる」や présenter「紹介する」と同様に、直接目的語と間接目的語の両方をとる用法があります。ここで Donne-(　　　) de l'eau [...] の

de l'eau「水」は donner の直接目的語で、（　　　）には「水」を与えられる間接目的語が入ります。ここで間接目的語になるのは前文にあった les chiens です。これは3人称で男性複数ですので③ leur が正答になります。① eux は強勢形ですので、ここでは不適切です。肯定の命令文の中で強勢形が使われるのは、moi と toi だけです。たとえば、Donne-**moi** de l'eau, s'il te plaît.「どうか私に水をください」のような場合です。② les は目的語人称代名詞としてはつねに直接目的語ですので、ここでは不適切です。得点率は42％でした。

(**4**) Vous parlez de (qui) ?「あなたはだれのことを話しているのですか」となります。指示代名詞① celui は、ふつうその後に「前置詞 de＋名詞」か関係代名詞をともない、単独で使われることはありませんので、ここでは不適切です。また不定代名詞② personne は ne とともに使われて否定の表現を作りますので、これも不適切です。疑問代名詞③ qui が正答です。Tu penses à **qui** ?「君はだれのことを考えているの」や Il sort avec **qui** ?「彼はだれと出かけますか」なども類似の用例です。ついでに覚えておきましょう。得点率は67％でした。

この問題の平均得点率は64％でした。

解答　(1) ②　(2) ③　(3) ③　(4) ③

4　解説　適切な前置詞を選ぶ問題です。

(**1**) Elle a travaillé toute la journée (sans) rien manger.「彼女は1日中、何も食べずに仕事をしました」となります。（　　　）のうしろには不定代名詞 rien と動詞 manger の不定詞がきています。rien は manger の直接目的語になっていると判断できますが、rien はつねに ne などの否定を表わす語といっしょに使われます。（　　　）には、否定の意味を表わすとともに、うしろに動詞の不定詞がくることのできる前置詞が入るはずです。選択肢のなかでそれが可能なのは⑥ sans しかありませんので、これが正答です。得点率は61％でした。

(2) Il s'est longtemps reposé (avant) de partir.「彼はゆったりと休息してから出発した」となります。(　　　) のうしろに前置詞 de と動詞 partir の不定詞がきています。選択肢のなかでこのような形が可能な前置詞は ① avant しかありませんので、これが正答です。Je vous téléphone **avant** de partir.「出発する前にあなたに電話します」(『仏検公式基本語辞典 3 級・4 級・5 級』、23 ページ）のような例文も参考にしてください。得点率は 70%でした。

(3) Je suis trop fatigué (pour) courir plus vite.「疲れすぎているので、これ以上速く走るのはむりです」となります。(　　　) のうしろに動詞 courir の不定詞がきています。直後に動詞の不定詞をみちびくことのできる前置詞は選択肢のなかでは ⑤ pour と ⑥ sans の 2 つだけです。⑥ sans は「～なしに」という意味ですので、ここでは不適切です。ここで文中の trop に注目すると、〈trop ＋形容詞 A ＋ pour ＋動詞 B の不定詞〉「あまりにも A なので B ができない」の構文になっていることに気づくと思います。⑤ pour が正答です。Mon fils est **trop** petit **pour** lire.「私の息子はまだおさなすぎて文字が読めない」や C'est **trop** beau **pour** être vrai.「話がうますぎて信じられない」のような例文も参考にしてください。得点率は 70%でした。

(4) La couleur de ma voiture est (entre) le bleu et le vert.「私の車の色は青と緑の中間の色です」となります。la couleur de ma voiture「私の車の色」が問題になっていて、(　　　) のうしろには le bleu et le vert「青と緑」がきています。選択肢のうち、ここで意味をなすことができる前置詞は 2 つの物の「間に、間で」を意味する entre しかありませんので、③ entre が正答です。Quelle est la distance **entre** Paris et Lyon ?「パリとリヨンの間の距離はどれぐらいですか」や Les Alpes se trouvent **entre** la Suisse et l'Italie.「アルプス山脈はスイスとイタリアの間にあります」のような例文も参考にしてください。得点率は 61%でした。

この問題の平均得点率は 66%でした。

解答　(1) ⑥　(2) ①　(3) ⑤　(4) ③

5 解説 5つの単語を並べかえて文を完成させる問題です。

(1) 主語のLa réunionがあたえられています。その後にaがつづいていますが、選択肢のなかに過去分詞はありませんので、この文の動詞の時制は複合過去ではなく、現在であることがわかります。次に、avoirの直接目的語にあたるものは何かをさがします。① deux、② les、④ moisからles deux mois「2ヵ月」という名詞句ができますが、これは意味から判断してもavoirの直接目的語としては不適切です。選択肢のなかにはもうひとつ名詞があります。③ lieuです。ここで〈avoir lieu〉「〜がおこなわれる；〜が起こる」という熟語表現を思い出せばしめたものです。lieuの前に冠詞はつきません。les deux moisの前に⑤ tousをつけるとtous les deux mois「2ヵ月ごとに」という表現ができあがります。以上から、La réunion a lieu tous (les) deux mois.「会合は2ヵ月ごとにおこなわれる」という文が完成します。正答は② lesです。得点率は51%でした。

(2) 主語と動詞L'hôpital estがあたえられています。estにつづく前置詞àがどのような意味で使われているのか考えながら選択肢を見ていきます。① àと⑤ piedからà pied「徒歩で」という表現ができます。また、② cinqと⑥ minutesからcinq minutes「5分」という表現ができます。以上を組み合わせると、L'hôpital est à cinq minutes (à) pied de la gare.「病院は駅から徒歩で5分のところにあります」という文が完成します。正答は① àです。L'hôpital est àのàは「位置、存在地点」を表わし、à piedのàは「手段」を表わしています。得点率は51%でした。

(3) 主語のL'orageがあたえられています。選択肢を見ると① aと③ empêchésがありますので、この文の時制は複合過去であることがわかります。ここで、過去分詞empêchésの語末にsがついていることに注意しなければなりません。これは、他動詞empêcherの過去分詞empêchéの前に男性複数の直接目的語が置かれていることを示しています。その直接目的語になれるのは選択肢のなかでは⑤ nousしかありません。empêcherは〈empêcher＋人＋de＋不定詞〉「人が〜するのをさまたげる」という構文をよくとりますが、ここでもその構文であることがわかります。ここでは「人」がnous

という目的語の人称代名詞となって、過去分詞 empêché の前に置かれたので、性数一致で empêchés になったと考えます。以上から、L'orage nous a (empêchés) de jouer au tennis.「にわか雨のせいで、私たちはテニスができなかった」という文が完成します。正答は ③ empêchés です。得点率は 57 %でした。

(4)　主語の Ses chaussures があたえられています。選択肢のなかに動詞は ⑤ sont しかありませんので、Ses chaussures sont まではすぐにできあがります。さらに選択肢をもういちどよく見てみると、② meilleures や ④ que がありますので、この文は比較級の文であることもわかります。主語の Ses chaussures と比較される対象は ① les と ③ miennes から les miennes だということも容易にわかるはずです。もちろん、les miennes は mes chaussures「私の靴」の意味です。Ses chaussures も所有代名詞の les miennes もともに女性名詞の複数形であること、形容詞 meilleures も女性複数形であることを確認しておきましょう。以上から、Ses chaussures sont meilleures (que) les miennes.「彼（女）の靴は私の靴より上等だ」という文が完成します。正答は ④ que です。得点率は 51%でした。

この問題の平均得点率は 52%でした。

解答　(1) ②　　(2) ①　　(3) ③　　(4) ④

6　解説　適切な文を選択して対話を完成させる問題です。

(1)　**A** が Hier j'ai rencontré Aya.「きのう、アヤに会ったよ」と言ったのに対し、**B** が何か言ったあと、**A** が Non, elle était avec son copain.「いいえ、彼女は友だちといっしょだった」と応じています。**B** はアヤがひとりでいたのか、だれかといっしょだったのかを **A** に尋ねているのではないかと推定されます。選択肢は ① Elle était avec quelqu'un ?「彼女はだれかといっしょだったの」、② Elle était toute seule ?「彼女はひとりでいたの？」、③ Qu'est-ce qu'elle faisait alors ?「彼女はそのとき何をしていたの」となっています。状況に合致するのは ② だけですので、これが正答になります。得点率は 88%でした。

(**2**) **A** が Monsieur Beaumont n'est pas là ?「ボーモンさんはいらっしゃいませんか」と尋ねたのに対し、**B** が何か言ったあと、**A** が D'accord. Je l'attends ici.「わかりました。ここで彼を待つことにします」と言っています。**A** の 2 つ目のせりふから、**B** は今ボーモンさんはいないが、すぐにやってくると **A** に答えたのではないかと推定されます。選択肢は ① Il revient dans un quart d'heure.「彼は 15 分後にもどってきます」、② Monsieur Beaumont ? C'est qui ?「ボーモンさんって、どなたですか」、③ Votre nom, s'il vous plaît.「あなたのお名前を教えてください」となっています。状況に合致するのは ① だけですので、これが正答になります。得点率は 92%でした。

(**3**) **A** が Tu connais cette actrice française ?「このフランス人の女優のこと知ってる？」と尋ねたに対し、**B** が何か言ったあと、**A** が Elle est actrice et musicienne.「彼女は女優だけでなくミュージシャンでもあるんだ」と言っています。**A** の 2 つ目のせりふから、**B** は **A** の最初のせりふに何か疑問をいだいたのだと推定されます。選択肢は ① Laquelle ?「どのフランス人女優のこと」、② Mais attends, elle est italienne, elle !「ちょっと待って、彼女はイタリア人だよ」、③ Oui, mais je croyais qu'elle était musicienne.「知ってる、でも彼女はミュージシャンだと思っていたけど」となっています。状況に合致するのは ③ だけですので、これが正答になります。得点率は 80%でした。

(**4**) **A** が Vous aimez le fromage ?「チーズは好きですか」と尋ねたのに対し、**B** が何か言ったあと、**A** が Ah bon ? Il en mange tous les jours ?「ああ、そうなんですか。彼は毎日食べるのですか」と尋ねています。**A** の 2 つ目のせりふから、**B** は Il「彼」にあたる人物がチーズを食べると答えたものと推定できます。選択肢は ① Moi, non. Mais mon mari adore ça.「私は好きではありません。でも夫はチーズが大好きです」、② Oui. Il y en a toujours dans mon frigo.「ええ好きです。私の冷蔵庫にはいつでもチーズが入っています」、③ Pas du tout. Et mon mari non plus.「全然好きではありません。夫も私と同じくチーズがきらいです」となっています。状況に合致するのは ① だけですので、これが正答になります。2 番目の **A** のせりふにあった Il は **B** の mari「夫」であることが判明しました。得点率は 61%でした。

この問題の平均得点率は83%でした。

解答　(1) ②　(2) ①　(3) ③　(4) ①

7　解説 各文の（　　）に入れるべき適切な単語を選択する問題です。

まず選択肢を確認すると、すべてが単数の女性名詞であることがわかります。

(1) Elle a mis de la monnaie dans sa (　　).「彼女は彼女の（　　）のなかに小銭を入れた」となっています。（　　）の前に所有形容詞 sa がありますので、女性名詞で小銭を入れることのできるものを選択肢のなかから選ばなければなりません。この条件にあてはまるものは⑦ poche 囡「ポケット」だけです。得点率は56%でした。

(2) Nous avons eu une longue (　　) sur l'environnement.「私たちは環境に関して長時間（　　）をした」となっています。「環境」に関して「長時間」することができるものを選択肢のなかから選ばなければなりません。この条件にあてはまるものは③ discussion 囡「議論」だけです。得点率は80%でした。

(3) Passez-moi une (　　) pour servir ce poisson.「この魚を取ってあげるから（　　）を貸してください」となっています。servir ce poisson とは、「魚料理を給仕する」ということです。その魚料理を食べることができるように、切りわけたりのせたりすることのできる器具を選択肢のなかから選ばなければなりません。この条件にあてはまるものは① assiette 囡「皿」になります。なお、「皿」には plat 男 もありますが、こちらは assiette よりも大きめのもりつけ用の皿になります。得点率は40%でした。

(4) Pour rester en bonne (　　), on doit faire du sport.「いい（　　）をたもつためには、スポーツをしなければならない」となっています。スポーツをすることでいい状態にたもつことができるものを選択肢のなかから選ばなければなりません。この条件にあてはまるものは⑧ santé 囡「健康」だけです。得点率は58%でした。

(5) Quelle (　　　) ! Allons vite dans un endroit frais.「なんて（　　　）だろう。早く涼しいところに行きましょう」となっています。涼しいところにのがれて、しのごうとするものを選択肢のなかから選ばなければなりません。この条件にあてはまるものは② chaleur 女「暑さ」になります。得点率はきわめて低く、30%にとどまりました。

(6) Sa (　　　) de parler me rappelle mon oncle Thomas.「彼（女）の話す（　　　）を聞いているとトマおじさんが思い出される」となっています。彼（女）が話すときの何が、トマおじさんのすがたをほうふつとさせるのかを選択肢のなかから選ばなければなりません。この条件にあてはまるものは④ façon 女「方法」になります。この問題も得点率が低く、32%でした。

正解とならなかった選択肢は、⑤ fenêtre 女「窓」と⑥ figure 女「顔つき」です。

この問題の平均得点率は49%でした。基本的な語彙の力を強化するように努めてください。

解答　(1) ⑦　(2) ③　(3) ①　(4) ⑧　(5) ②　(6) ④

8　解説　長文の内容を読み取る問題です。

プラネタリウムで働いているヴィルジニーのことが語られています。ポイントをおさえながら、正確に読んでいきましょう。

まず本文に出てくる単語と表現を見ておきます。
enfance 女「子ども時代」、dans son enfance「彼女が子どものころ」、allait (aller)「行く」直説法半過去、souvent「しばしば」、musée 男「博物館、美術館」、musée des sciences「科学館」、ouest 男「西」、grâce à「～のおかげで」、planétarium 男「プラネタリウム」、s'est intéressée(s'intéresser)「興味をもつ」直説法複合過去（主語がelleなので、過去分詞が性数一致して

intéresséeとなっている点に注意)、tôt「早いうちから」、étoile 女「星」、ensuite「それから」、a étudié(étudier)「勉強する」直説法複合過去、astronomie 女「天文学」、université 女「大学」、études 女「(複数形で、特に大学での）勉強」、a enseigné(enseigner)「教える」直説法複合過去、mathématiques 女「(おもに複数形で）数学」、lycée 男「リセ、高校」、pendant「〜の間」、maintenant「今では」、employé, *e*「職員」、salle 女「会場、ホール」、montre(montrer)「見せる」直説法現在、constellation 女「星座」、explique(expliquer)「説明する」直説法現在、simple「かんたんな」、mouvement 男「動き、運動」、ciel 男「空、天」、marche(marcher)「作動する」直説法現在、est devenu(devenir)「〜になる」直説法複合過去、vieux(vieil), *vieille*「古い」、va(aller) 直説法現在（近接未来の用法)、être remplacé(remplacer)「取りかえられる」受動態、hiver 男「冬」、nouveau(nouvel), *nouvelle*「新しい」、ouvrira(ouvrir)「開業する、オープンする」直説法単純未来、décembre 男「12月」、travaillera(travailler)「働く」直説法単純未来、comme「〜として」、directeur, *trice*「所長、部長」

(1)「ヴィルジニーが子どものころに行った科学館はパリの中心部にある」については、本文1〜2行目にDans son enfance, Virginie allait souvent au musée des sciences à l'ouest de Paris.「子どものころ、ヴィルジニーはパリの西部にある科学館によく行っていた」とあります。パリの西部は「パリの中心部」ではありませんので、本文の内容と一致しません。得点率は81%でした。

(2)「ヴィルジニーが星に興味をもつようになったのは大学生のときである」については、本文2〜3行目にGrâce au planétarium de ce musée, elle s'est intéressée très tôt aux étoiles.「その科学館のプラネタリウムのおかげで、彼女はとても早いうちから星に興味をもつようになった」とありますから、本文の内容と一致しません。得点率は93%でした。

(3)「ヴィルジニーは大学卒業後すぐに科学館で働きはじめた」については、本文4〜5行目にAprès ses études, elle a enseigné les mathématiques au lycée pendant six ans.「大学を卒業後、彼女は6年間リセで数学を教えた」とありますから、本文の内容と一致しません。得点率は84%でした。

(4)「ヴィルジニーは科学館で子どもを対象に星座の動きについて説明している」については、本文6〜8行目に Dans la « Salle des étoiles », elle montre les constellations aux enfants et explique avec des mots simples leurs mouvements dans le ciel.「《星の間》で、彼女は子どもたちにいろいろな星座を見せ、その動きをやさしい言葉で説明している」とありますから、本文の内容と一致します。得点率は95%でした。

(5)「プラネタリウムは古くなって故障した」については、本文9行目に Le planétarium marche encore bien mais il est devenu vieux.「プラネタリウムはまだきちんと動いてはいるが、古くなった」とありますから、本文の内容と一致しません。得点率は79%でした。

(6)「新しいプラネタリウムは12月10日に営業を開始する」については、10〜11行目に Le nouveau planétarium ouvrira le 10 décembre.「新しいプラネタリウムは12月10日にオープンする」とありますので、本文の内容と一致します。得点率は98%でした。

この問題の平均得点率は89%でした。

解答　(1) ②　(2) ②　(3) ②　(4) ①　(5) ②　(6) ①

9

解説　適切なフランス語の語句を選んで（　　）に入れ、会話を完成させる問題です。

(1)　ローランは最初のせりふで J'aimerais offrir un bouquet de roses à ma mère.「母親にバラの花束をプレゼントしたいのですが」と、店員に来店の目的を告げています。店員は2番目のせりふで、まず Très bien.「わかりました」と答えたあと、Vous voulez (　1　) de roses ? と尋ねています。それに対して、ローランは2番目のせりふで J'en voudrais 20.「できたら20本ほしい」と答えていますので、店員は必要なバラの本数を確認するための質問をローランにしたものと推定できます。ここでは、(　1　) de roses 全体が動詞 vouloir の直接目的語になっています。ところで、(　1　) のうしろには「de + 複数名詞」がきていますが、① assez も ② autant も ③ combien もこのような構造をとる可能性があります。ただし、このなかで20という具体的な数値をローランから引き出すことができるのは③ combien だけです。店員は Vous voulez combien de roses ?「何本のバラをお望みですか」と尋ねていたことになります。そして、ローランの J'en voudrais 20. という返答のなかの中性代名詞 en は roses をうけていることもわかります。得点率は92%でした。

(**2**) 2番目のせりふで J'en voudrais 20.「できたら20本のバラがほしい」と答えたローランは、つづけて C'est (　2　) pour un bouquet ? と店員に尋ねています。それに対して、店員は3番目のせりふで Oui. Ce sera un joli bouquet.「ええ。きれいな花束になるでしょう」と答えています。選択肢のなかから、この店員のせりふを引き出すことができるものをさがすと① assez がもっともふさわしいことがわかります。C'est assez pour un bouquet ? で「花束を作るのに20本のバラでじゅうぶんですか」という意味になります。ここでは、assez と pour のつながりにも注意してください。たとえば、Cet appartement est **assez** grand **pour** une famille de cinq.「そのアパルトマンは5人家族にはじゅうぶんな広さだ」や Il a **assez d'**argent **pour** acheter une nouvelle voiture.「彼は車を買い替えるだけのじゅうぶんなお金がある」などを参考に文の構造を確認しておいてください。得点率は44%でした。

(**3**) 店員は3番目のせりふのつづきで Vous préférez des roses de (　3　) ? と尋ねています。それに対して、ローランは Donnez-moi 10 roses rouges et 10 blanches, s'il vous plaît.「赤いバラ10本と白いバラ10本をください」と答えています。店員はローランに20本のバラの色の組み合わせを尋ねたものと推定されます。選択肢のなかで色に関する答えを引き出すことのできるものは⑦ quelle couleur しかありません。店員は Vous préférez des roses de quelle couleur ?「何色のバラがいいですか」とローランに尋ねたことがわかります。得点率は87%でした。

(**4**) 「赤いバラ10本と白いバラ10本」がほしいというローランの注文を聞いた店員は、4番目のせりふで、まず Je suis (　4　). と答えたあと、つづけて Nous n'avons plus que 5 roses blanches.「もう白いバラは5本しか残っていません」と言っています。そして、それを聞いたローランは4番目のせりふで、Alors, donnez-moi 20 roses rouges.「それでは、赤いバラを20

本ください」と注文の内容を変更しています。これら一連の会話の流れから判断して、店員はローランの最初の注文内容にこたえられないことをわびたのではないかと推定されます。（ 4 ）には⑤ **désolé** が入って、**Je suis désolé.**「もうしわけありません」となることがわかります。店員はローランのあらたな注文を受けて、D'accord. Ça fera 30 euros, monsieur.「かしこまりました。30ユーロになります」と答えています。得点率は86%でした。なお、設問には直接かかわりませんでしたが、店員の最初のせりふにあった [...] je peux vous aider ? は、直訳すると「私はあなたのおてつだいをしましょうか」となりますが、これは一種の定型表現で「ご用件は何ですか」、「何をお求めでしょうか」という意味あいで使われます。

この問題の平均得点率は77%でした。

解答 (1) ③ (2) ① (3) ⑦ (4) ⑤

聞き取り試験

解説・解答

1

（読まれる会話文）

Sylvie : Tu as des (animaux) chez toi ?
Maurice : Oui, j'ai un chien.
Sylvie : Il est comment ?
Maurice : Il est petit et (calme). Il reste toujours dans ma (chambre).
Sylvie : Tu ne le (promènes) pas ?
Maurice : Si, tous les matins.
Sylvie : Et il aime sortir ?
Maurice : Pas tellement. Il (a peur) des autres chiens.

解説 部分書き取りの問題です。シルヴィーとモーリスの会話です。モーリスが飼っている犬をめぐって会話がかわされています。

(1) シルヴィーが1番目のせりふでモーリスにTu as des (animaux) chez toi ?「家で何か動物を飼っているの」と尋ねています。（　　）の前にdesとありますので、（　　）のなかには複数形の名詞が入らなければなりません。また、des (animaux)[de·**z**animo] とリエゾンがなされていました。これらの点はよく理解されていたようですが、*animals*、*animoux*、*animeaux* などの誤答がめだちました。cheval の複数形が chevaux になるように、-al で終わる単語の複数形のなかには -aux となるものが多数ありますので、確認しておきましょう。得点率は35%でした。

(2) モーリスはシルヴィーの問いに対して Oui, j'ai un chien.「うん、犬を

1 ぴき飼っています」と答えます。それをうけて、シルヴィーは Il est comment ?「どんな犬」と尋ねてきます。その問いに答えたのがモーリスの 2 番目のせりふ Il est petit et (calme).「小さくておとなしいんだ」です。calme[kalm] の音はそれほどむずかしくなかったはずですが、*calm*、*calma*、*carme* などの誤答がありました。得点率は 26%でした。

(3)　モーリスはつづけて自分の犬について Il reste toujours dans ma (chambre).「犬はいつもぼくの寝室にいるんだ」と言っています。(　　　) の前に ma があるので、女性の単数名詞がくることが予想されたはずです。また chambre はひんぱんに使われる単語ですのでかんたんなはずでしたが、*chamble*、*chanbre* などの誤答がありました。得点率は 65%でした。

(4)　モーリスから犬が部屋のなかに閉じこもりがちだと聞いたシルヴィーは Tu ne le (promènes) pas ?「散歩にはつれていかないの？」と尋ねています。この promener は「散歩させる」という意味の他動詞ですが、アクサン記号を忘れた *promenes* という誤答がかなりの数にのぼりました。得点率はきわめて低く、7%でした。

(5)　モーリスは 3 番目のせりふで Si, tous les matins.「いや、毎朝散歩させているよ」と答えます。それに対して、シルヴィーは 4 番目のせりふで Et il aime sortir ?「あなたの犬は外に出るのが好きなのかな」と尋ねています。その問いに答えたのがモーリスの 4 番目のせりふで、Pas tellement. Il (a peur) des autres chiens.「あまり好きじゃないね。ほかの犬をこわがっているんだ」と言っています。〈avoir peur de ＋名詞〉「～をこわがる」は基本的な熟語表現のはずですが、peur[pœːr] の聴解がむずかしかったようです。*a pour*、*a peux*、*a peu* などの誤答がありました。これも得点率が低く、19%にとどまりました。

この問題の平均得点率は 30%でした。

解答　(1) animaux　(2) calme　(3) chambre　(4) promènes　(5) a peur

2

(読まれる文)

(1) Elle joue du piano en chantant.
(2) Elle chante seule dans une salle de concert.
(3) Elle apprend à chanter avec son professeur.
(4) Elle étudie la musique dans son bureau.
(5) Elle écoute de la musique sur son lit.

解説 聞き取ったフランス語の文にもっともふさわしい状況を表わす絵を選ぶ問題です。今回の問題ではすべての絵に音楽とかかわる女性が描かれています。これがどのような場面や情景のなかなのかを判断することが聴解のポイントになります。

(1)「彼女は歌いながらピアノをひいている」という意味です。ピアノをひいている女性は④と⑤に描かれていますが、歌っているのは⑤だけですので、これが正答になります。得点率は98%でした。

(2)「彼女はたったひとりコンサートホールで歌っている」という意味です。観客席にだれもいないコンサートホールで歌を歌っているのは⑦だけですので、これが正答になります。得点率は98%でした。

(3)「彼女は先生に歌を習っている」という意味です。女性が歌を歌っているすがたは②、⑤、⑥、⑦に描かれていますが、先生と思われる男性に歌を習っていると想定できるものは⑥だけですので、これが正答になります。得点率は75%でした。

(4)「彼女は自分の書斎で音楽を研究している」という意味です。女性が本だなを背に書斎と思われる部屋で楽譜をひろげて勉強している③が正答になります。得点率は78%でした。

(5) 「彼女はベッドの上で音楽を聴いている」という意味です。女性がベッドで横になりながら、スマホを片手に、ヘッドフォンで音楽を聴いている①が正答になります。得点率は85%でした。

この問題の平均得点率は87%でした。

解答 (1) ⑤　(2) ⑦　(3) ⑥　(4) ③　(5) ①

3

(読まれる会話文)

Philippe : Tu travailles toujours dans le supermarché en face de la gare ?

Margot : Non, j'ai arrêté d'y travailler le mois dernier.

Philippe : Pourquoi ? Tu n'aimais pas ton travail ?

Margot : Non. Le patron était gentil mais le travail était trop dur pour moi. Je devais me lever à cinq heures du matin tous les jours.

Philippe : Oh! là là, c'est terrible ! Qu'est-ce que tu fais maintenant ?

Margot : Je travaille dans une épicerie près de chez moi.

解説 会話文を聞き取り、日本語の文がその内容に一致しているかどうかを答える問題です。フィリップとマルゴは彼女の仕事について話し合っています。2人の間でどのような会話がなされたのかを注意深く聞き取ってください。

(1) 「マルゴが働いていたスーパーマーケットは駅の向かいにある」については、フィリップが最初のせりふで Tu travailles toujours dans le supermarché en face de la gare ?「今でも駅の向かいのスーパーマーケットで働いているの？」とマルゴに尋ねていますので、マルゴがかつて駅の向かいのスーパーマーケットで働いていたことがわかります。これは会話の内容に一致しています。得点率は67%でした。

(2)「マルゴは3ヵ月前にスーパーマーケットをやめた」については、マルゴは最初のせりふでNon, j'ai arrêté d'y travailler le mois dernier.「いえ、先月そこで働くのをやめたのよ」と答えていますので、会話の内容に一致していません。得点率は85%でした。

(3)「マルゴが働いていたスーパーマーケットの店主は親切だった」については、マルゴは2番目のせりふでLe patron était gentil mais le travail était trop dur pour moi.「店主は親切だったけれど、仕事は私にはきつすぎた」と言っていますので、会話の内容に一致しています。得点率は91%でした。

(4)「マルゴはスーパーマーケットで働くために毎朝5時に起きていた」については、マルゴが2番目のせりふのつづきでJe devais me lever à cinq heures du matin tous les jours.「私は毎朝5時に起きなければならなかったのよ」と言っていますので、会話の内容に一致しています。得点率は97%でした。

(5)「マルゴは失業中である」については、フィリップの3番目のせりふQu'est-ce que tu fais maintenant ?「それで今は何をしているの」に対して、マルゴはJe travaille dans une épicerie près de chez moi.「家の近くの食料品店で働いている」と答えていますので、会話の内容に一致していません。得点率は93%でした。

この問題の平均得点率は87%でした。

解答　(1) ①　(2) ②　(3) ①　(4) ①　(5) ②

配 点 表

問題番号	筆記試験	1	2	3	4	5	6	7	8	9	小計	聞き取り	1	2	3	小計	合計
点		8	10	8	8	8	8	6	6	8	70		10	10	10	30	100

4級

4 級の内容と程度

●程 度

日常の基礎的なフランス語を理解し、読み、聞き、書くことができる。

標準学習時間：100 時間（大学で週 1 回の授業なら 2 年間、週 2 回の授業なら 1 年間の学習に相当）。

●試験内容

読 む	基礎的な文の構成と文意の理解。基礎的な対話の理解。
聞 く	基礎的な文の聞き分け、日常使われる基礎的な応答表現の理解、数の聞き取り。
文法知識	日常使われる基礎的な文を構成するのに必要な文法知識。動詞としては、直説法（現在、近接未来、近接過去、複合過去、半過去、単純未来）、命令法等。

語彙：約 920 語

●試験形式

1 次試験のみ（100 点）

筆 記	問題数 8 問、配点 66 点。試験時間 45 分。マークシート方式。
聞き取り	問題数 4 問、配点 34 点。試験時間 15 分。マークシート方式。

4級の傾向と対策

4級では、合格の基準を「日常の基礎的なフランス語を理解し、読み、聞き、書くことができる」と定めています。書くといっても、4級では記述式の問題は出題されません。解答の方法は各問とも選択肢から番号を選ぶマークシート方式です（聞き取り試験2では、聞き取った数に対応する数字の番号を選択）。

試験は筆記試験と聞き取り試験からなり、次のように構成されています。

筆記試験：8問／配点66点／試験時間45分
聞き取り試験：4問／配点34点／試験時間15分

4級を受験するための目安とされている標準学習時間は100時間程度です。大学の授業に置きかえると、週2回の授業であれば1年間、週1回であれば2年間程度の学習時間に相当します。

4級で出題される文法事項は、「日常使われる基礎的な文を構成するのに必要な文法知識」となっています。名詞を限定する**冠詞**（不定冠詞、定冠詞、部分冠詞）、**指示形容詞**、**所有形容詞**の形と基本的な用法だけでなく、名詞のかわりとなる代名詞の知識も必要となります。**人称代名詞**（**直接目的語**、**間接目的語**、**強勢形**）、**中性代名詞**および**指示代名詞**の使い分けや、基本的な**前置詞**の用法に慣れておきましょう。

動詞の時制では**近接未来**、**近接過去**、**直説法**（**現在**、**複合過去**、**半過去**、**単純未来**）、**命令法**を中心とした活用形と用法が4級の範囲となります。

「読む」力では、日常的な場面を伝える文を理解したり、短い会話文の内容を読み取る力が問われます。

「聞く」力では、日常生活で使われる簡単なやりとりを聞き取ったり、平易な会話文の内容を聞き取る力がためされます。また5級と同じく数の聞き取りがあり、2桁の数が中心になります。

4級では、5級に出題されない代名詞（筆記[2]）と前置詞（筆記[6]）の問題があり、動詞の時制と活用形の範囲も広くなります。また対話文を完成する問題（筆記[3]）では語彙力、表現力がためされます。とくに代名詞、前置詞の知識は、4級レベルをクリアするためのポイントの1つになります。

語彙数は『仏検　公式基本語辞典3級・4級・5級新訂版』（フランス語教育振興協会編、朝日出版社、2020）で選定されているように、5級レベルの560語に4級レベルではさらに400語が加わりますので、960語の語彙知識が求められています。本文中では『仏検公式基本語辞典』と略し、例文を引用する際には辞典の見出し語を併記しています。

以下に、2022年度春季・秋季の問題冊子と解説・解答を掲載しています。

発音の仮名表記については以下のようにしてあります。

1. 注意すべき個別の発音表記は、→　の右の[　]のとおりです。
   [b] → [ブ]　　[l] → [ル]　　[ɔ̃] → [オン]
   [v] → [ヴ]　　[r] → [る]
2. リエゾンやアンシェヌマンがおきるところは下線が引かれています。
   trois heures [trwɑzœːr トろワズーる]
   douze heures [duzœːr ドゥズーる]

2022年度　秋季　実用フランス語技能検定試験（4級）　解答用紙

会　場　名

氏　名

会場コード					
⓪	⓪	⓪	⓪	⓪	⓪
①	①	①	①	①	①
②	②	②	②	②	②
③	③	③	③	③	③
④	④	④	④	④	④
⑤	⑤	⑤	⑤	⑤	⑤
⑥	⑥	⑥	⑥	⑥	⑥
⑦	⑦	⑦	⑦	⑦	⑦
⑧	⑧	⑧	⑧	⑧	⑧
⑨	⑨	⑨	⑨	⑨	⑨

受験番号							
⓪	⓪	⓪	⓪	⓪	⓪	⓪	⓪
①	①	①	①	①	①	①	①
②	②	②	②	②	②	②	②
③	③	③	③	③	③	③	③
④	④	④	④	④	④	④	④
⑤	⑤	⑤	⑤	⑤	⑤	⑤	⑤
⑥	⑥	⑥	⑥	⑥	⑥	⑥	⑥
⑦	⑦	⑦	⑦	⑦	⑦	⑦	⑦
⑧	⑧	⑧	⑧	⑧	⑧	⑧	⑧
⑨	⑨	⑨	⑨	⑨	⑨	⑨	⑨

マークについての注意事項

1. マークはかならずHBまたはBの黒鉛筆（シャープペンシル可）で◯の中を**正確に塗りつぶしてください**（下記マーク例参照）。ボールペンや万年筆等でマークした解答は機械による読み取りの対象とならないため、採点されません。
2. 訂正の場合は、プラスチック製消しゴムできれいに消してください。
3. **解答用紙を折り曲げたり、破ったり、汚したりしないでください。**

マーク例

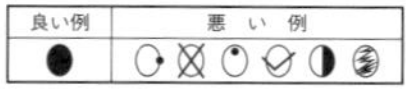

筆記

1

解答番号	解　答　欄
(1)	① ② ③ ④ ⑤ ⑥
(2)	① ② ③ ④ ⑤ ⑥
(3)	① ② ③ ④ ⑤ ⑥
(4)	① ② ③ ④ ⑤ ⑥

2

解答番号	解　答　欄
(1)	① ② ③
(2)	① ② ③
(3)	① ② ③
(4)	① ② ③
(5)	① ② ③

3

解答番号	解　答　欄
(1)	① ② ③
(2)	① ② ③
(3)	① ② ③
(4)	① ② ③

4

解答番号	解　答　欄
(1)	① ② ③
(2)	① ② ③
(3)	① ② ③
(4)	① ② ③
(5)	① ② ③

5

解答番号	解　答　欄
(1)	① ② ③ ④
(2)	① ② ③ ④
(3)	① ② ③ ④
(4)	① ② ③ ④
(5)	① ② ③ ④

6

解答番号	解　答　欄
(1)	① ② ③
(2)	① ② ③
(3)	① ② ③
(4)	① ② ③

7

解答番号	解　答　欄
(1)	① ② ③ ④ ⑤ ⑥ ⑦ ⑧ ⑨
(2)	① ② ③ ④ ⑤ ⑥ ⑦ ⑧ ⑨
(3)	① ② ③ ④ ⑤ ⑥ ⑦ ⑧ ⑨
(4)	① ② ③ ④ ⑤ ⑥ ⑦ ⑧ ⑨
(5)	① ② ③ ④ ⑤ ⑥ ⑦ ⑧ ⑨
(6)	① ② ③ ④ ⑤ ⑥ ⑦ ⑧ ⑨

8

解答番号	解　答　欄
(1)	① ②
(2)	① ②
(3)	① ②
(4)	① ②
(5)	① ②
(6)	① ②

聞き取り

1

解答番号	解　答　欄
(1)	① ② ③ ④ ⑤ ⑥
(2)	① ② ③ ④ ⑤ ⑥
(3)	① ② ③ ④ ⑤ ⑥
(4)	① ② ③ ④ ⑤ ⑥

2

解答番号	解　答　欄
(1)	① ②
(2)	① ②
(3)	① ②
(4)	① ②

3

解答番号	解　答　欄
(1)	⓪ ① ② ③ ④ ⑤ ⑥ ⑦ ⑧ ⑨
	⓪ ① ② ③ ④ ⑤ ⑥ ⑦ ⑧ ⑨
(2)	⓪ ① ② ③ ④ ⑤ ⑥ ⑦ ⑧ ⑨
	⓪ ① ② ③ ④ ⑤ ⑥ ⑦ ⑧ ⑨
(3)	⓪ ① ② ③ ④ ⑤ ⑥ ⑦ ⑧ ⑨
	⓪ ① ② ③ ④ ⑤ ⑥ ⑦ ⑧ ⑨
(4)	⓪ ① ② ③ ④ ⑤ ⑥ ⑦ ⑧ ⑨
	⓪ ① ② ③ ④ ⑤ ⑥ ⑦ ⑧ ⑨

4

解答番号	解　答　欄
(1)	① ②
(2)	① ②
(3)	① ②
(4)	① ②
(5)	① ②

解答用紙（雛型）（67%縮小）

2022年度春季
実用フランス語技能検定試験
試験問題冊子　〈４級〉

問題冊子は試験開始の合図があるまで開いてはいけません。

筆記試験	12 時 10 分～12 時 55 分 (休憩なし)
聞き取り試験	12 時 55 分から約 15 分間

◇問題冊子は表紙を含め 16 ページ、筆記試験が 8 問題、聞き取り試験が 4 問題です。

注　意　事　項

1　途中退出はいっさい認めません。

2　筆記用具は **HB または B の黒鉛筆** (シャープペンシルも可) を用いてください。ボールペンや万年筆等でマークした解答は機械による読み取りの対象とならないため、採点されません。

3　解答用紙の所定欄に、**受験番号**と**カナ氏名**が印刷されていますから、まちがいがないか、**確認**してください。

4　**解答は、解答用紙の解答欄にマークしてください。**たとえば、1 の (1) に対して ③ と解答する場合は、次の例のように解答欄の ③ にマークしてください。

例　1

解答番号	解答欄
(1)	① ② ● ④ ⑤ ⑥

5　解答に関係のないことを書いた答案は無効にすることがあります。

6　解答用紙を折り曲げたり、破ったり、汚したりしないように注意してください。

7　問題内容に関する質問はいっさい受けつけません。

8　不正行為者はただちに退場、それ以降および来季以後の受験資格を失うことになります。

9　**携帯電話等の電子機器の電源はかならず切って、かばん等にしまってください。**通信機能のある時計は使用を禁じます。

10　**時計のアラームは使用しないでください。**

11　この試験問題の複製 (コピー) を禁じます。また、この試験問題の一部または全部を当協会の許可なく他に伝えたり、漏えいしたりすることを禁じます (インターネットや携帯サイト等に掲載することも含みます)。

筆記試験終了後、休憩なしに聞き取り試験にうつります。

1　次の (1) ～ (4) の (　　) 内に入れるのにもっとも適切なものを、下の ① ～ ⑥ のなかから 1 つずつ選び、解答欄のその番号にマークしてください。ただし、同じものを複数回用いることはできません。(配点　8)

(1) Il porte toujours (　　) lunettes noires.

(2) Il y a (　　) monde dans la rue.

(3) Où est (　　) station la plus proche ?

(4) Son appartement est (　　) premier étage.

① au	② des	③ du
④ la	⑤ le	⑥ une

(解説・解答 ▶ p.114)

2 次の対話 (1) ～ (5) の（　　）内に入れるのにもっとも適切なものを、それぞれ ① ～ ③ のなかから１つずつ選び、解答欄のその番号にマークしてください。（配点　10）

(1) — Il y a encore des pommes de terre ?
— Non, il n'y (　　) a plus.

① en　② les　③ leur

(2) — Où est-ce que je mets mon sac ?
— Mettez-(　　) sur la chaise.

① la　② le　③ vous

(3) — Tiens, Rose a un nouveau chapeau.
— Il (　　) va bien !

① la　② le　③ lui

(4) — Tu prends quel train ?
— (　　) de 11 heures 30.

① Celle　② Celui　③ Ceux

(5) — Vous vous couchez très tôt ?
— Oui, mais mon chat se couche plus tôt que (　　).

① je　② me　③ moi

（解説・解答 ▶ p.115）

3 次の (1) ～ (4) の **A** と **B** の対話を完成させてください。**B** の下線部に入れるのにもっとも適切なものを、それぞれ ① ～ ③ のなかから 1 つずつ選び、解答欄のその番号にマークしてください。(配点　8)

(1) **A** : Est-ce que je peux parler à madame Sasaki, s'il vous plaît ?
B : ______________________
A : Ah bon. Alors je vais l'appeler sur son portable.

① Désolé, elle est sortie.
② Non, elle est occupée.
③ Oui, elle parle bien anglais.

(2) **A** : Je voudrais envoyer ce paquet, s'il vous plaît.
B : ______________________
A : Aux États-Unis.

① D'accord, attendez un moment.
② En France ou à l'étranger ?
③ Moi non plus.

(3) **A** : Papa, on va chercher maman à l'aéroport ?
B : ______________________
A : Il faut nous dépêcher, alors !

① Bien sûr. On y va avec ta mère.
② Non, elle prendra un taxi.
③ Oui. Son avion arrive dans une heure.

(4) **A** : Tu connais ce monsieur ?
B : ______________________
A : Tu me le présentes ?

① C'est ma cousine.
② C'est mon voisin.
③ Non. Qui est-ce ?

（解説・解答 ▶ p.117）

4　次の日本語の文 (1) ～ (5) の下には、それぞれ対応するフランス語の文が記されています。(　　) 内に入れるのにもっとも適切なものを、それぞれ ① ～ ③ のなかから1つずつ選び、解答欄のその番号にマークしてください。(配点　10)

(1)　きのう彼らは海で泳いだ。

Hier, ils (　　) dans la mer.

① nagent　② nageront　③ ont nagé

(2)　この夏、私たちはイタリアに行きます。

Nous (　　) en Italie, cet été.

① allions　② irons　③ sommes allés

(3)　1980年には、TGVは存在していなかった。

En 1980, il n'y (　　) pas de TGV.

① a　② aura　③ avait

(4)　本を忘れないで。

N'(　　) pas ton livre.

① oublie　② oublies　③ oubliez

(5)　毎夕、母にEメールを送っています。

J'(　　) un e-mail à ma mère chaque soir.

① ai envoyé　② envoie　③ envoyais

(解説・解答 ▶ p.118)

5

例にならい、次の (1) ～ (5) において、それぞれ ① ～ ④ をすべて用いて文を完成したときに、(　　) 内に入るのはどれですか。① ～ ④ のなかから 1 つずつ選び、解答欄のその番号にマークしてください。(配点　10)

例：Il ______ ______ (______) ______ .

① a　② content　③ l'air　④ très

Il __a__ __l'air__ (__très__) __content__ .

　　①　　③　　④　　②

となり、①③④② の順なので、(　　) 内に入るのは ④。

(1) Corinne vit avec _____ _____ (_____) _____ .

① blanc　② chien　③ petit　④ un

(2) Elle ne _____ _____ (_____) _____ dans son café.

① de　② met　③ pas　④ sucre

(3) Il est _____ _____ (_____) _____ la classe.

① chanter　② de　③ devant　④ difficile

(4) Je _____ _____ (_____) _____ l'hôpital.

① à　② accompagner　③ vais　④ vous

(5) Tu _____ _____ (_____) _____ histoire ?

① cette　② de　③ souviens　④ te

(解説・解答 ▶ p.120)

6 次の (1) ～ (4) の（　　）内に入れるのにもっとも適切なものを、それぞれ ① ～ ③ のなかから1つずつ選び、解答欄のその番号にマークしてください。（配点　8）

(1) Cet après-midi, je vais (　　) le médecin.

① chez　　② dans　　③ par

(2) Je rentre en France (　　) ces vacances.

① à　　② de　　③ pendant

(3) Nos sacs sont (　　) papier.

① en　　② par　　③ vers

(4) Tu dois marcher beaucoup (　　) ta santé.

① avec　　② en　　③ pour

（解説・解答 ▶ p.122）

7　次の (1) ～ (6) にもっともふさわしい絵を、下の ① ～ ⑨ のなかから 1 つずつ選び、解答欄のその番号にマークしてください。ただし、同じものを複数回用いることはできません。(配点　6)

(1) Camille attend son bus.
(2) Camille est assise par terre.
(3) Camille fait des courses.
(4) Camille mange toute seule.
(5) Camille prend l'escalier.
(6) Camille se repose dans sa chambre.

①

②

③

④

⑤

⑥

⑦

⑧

⑨

(解説・解答 ▶ p.123)

8　次の会話を読み、下の (1) ～ (6) について、会話の内容に一致する場合は解答欄の ① に、一致しない場合は ② にマークしてください。(配点　6)

Alain : Bonjour, Céline. Qu'est-ce que tu fais ici ?

Céline : Je cherche un nouvel appartement.

Alain : Ah bon. Tu n'es pas contente de ton appartement ?

Céline : Non. Je ne dors pas bien à cause du bruit depuis deux semaines.

Alain : Oh, c'est dur, ça. Et tu en as trouvé un autre ?

Céline : Oui, mais il est trop cher.

Alain : Alors, tu peux peut-être trouver une maison à la campagne ? C'est moins cher. Et il y a moins de bruit.

Céline : Pourquoi pas ? Et le week-end, je me promènerai dans les bois.

Alain : C'est bien. Mais tu mettras plus d'une heure pour venir au bureau.

Céline : Ce n'est pas un problème. Je me lèverai plus tôt.

(1) セリーヌは、今住んでいるアパルトマンに満足していない。

(2) セリーヌは、2ヵ月前から騒音でよく眠っていない。

(3) セリーヌが見つけた別のアパルトマンは値段が手頃ではなかった。

(4) アランは、田舎の一軒家を見つけたらどうかと提案している。

(5) セリーヌは、引っ越したら毎日森で散歩するつもりだ。

(6) セリーヌは、通勤に1時間以上かかるなら引っ越しはしないと言っている。

(解説・解答 ▶ p.125)

聞き取り試験問題

聞き取り試験時間は、
12時55分から約15分間

注意事項

1 聞き取り試験は、CD・テープでおこないますので、CD・テープの指示にしたがってください。

2 解答はすべて筆記試験と同じ解答用紙の解答欄に、**HBまたはBの黒鉛筆**(シャープペンシルも可)でマークしてください。ボールペンや万年筆等でマークした解答は機械による読み取りの対象とならないため、採点されません。

1

- フランス語の文 (1) ～ (4) を、それぞれ3回ずつ聞いてください。
- それぞれの文にもっともふさわしい絵を、下の ① ～ ⑥ のなかから1つずつ選び、解答欄のその番号にマークしてください。ただし、同じものを複数回用いることはできません。

(メモは自由にとってかまいません)（配点　8）

［音声を聞く順番］ ⓯ → ⓰

(1)

(2)

(3)

(4)

①

②

③

④

⑤

⑥

（解説・解答 ▶ p.128）

2

- フランス語の質問 (1) ～ (4) を、それぞれ3回ずつ聞いてください。
- (1) ～ (4) の質問に対する応答として適切なものを、それぞれ ①、② から選び、解答欄のその番号にマークしてください。
  （メモは自由にとってかまいません）（配点 8）

［音声を聞く順番］ ⑰→⑱

(1) ① À la gare.
　　② En bus.

(2) ① À l'entrée.
　　② Vers quatre heures.

(3) ① J'aime voyager.
　　② Je cours le soir.

(4) ① Oui, ce week-end.
　　② Oui, j'en ai trois.

（解説・解答 ▶ p.129）

3

- フランス語の文 (1) ～ (4) を、それぞれ3回ずつ聞いてください。
- どの文にもかならず数が含まれています。例にならって、その数を解答欄にマークしてください。
  （メモは自由にとってかまいません）（配点　8）

［ 音声を聞く順番 ］ ⓳ → ⓴

(例)

・「7」と解答したい場合には、

●	①	②	③	④	⑤	⑥	⑦	⑧	⑨
⓪	①	②	③	④	⑤	⑥	●	⑧	⑨

とマークしてください。

・「15」と解答したい場合には、

⓪	●	②	③	④	⑤	⑥	⑦	⑧	⑨
⓪	①	②	③	④	●	⑥	⑦	⑧	⑨

とマークしてください。

(1)

(2)

(3)

(4)

（解説・解答 ▶ p.131）

4

- ジュリとオリヴィエの会話を3回聞いてください。
- 次の (1) ～ (5) について、会話の内容に一致する場合は解答欄の ① に、一致しない場合は ② にマークしてください。
（メモは自由にとってかまいません）（配点　10）

［音声を聞く順番］ ㉑→㉒→㉓

(1) ジュリはオリヴィエに電話をかけている。

(2) ジュリは今、キッチンにいる。

(3) ジュリは2時間後にジャム作りをはじめる。

(4) オリヴィエはジュリの作るジャムを食べてみたい。

(5) ジュリがオリヴィエのところにジャムを持っていくのは、あしたである。

（解説・解答 ▶ p.132）

2022年度春季4級

今季の出願者1,704名のうち受験者は1,541名で、合格者は1,148名でした。実受験者に対する合格率は75%でした。合格率の推移を見ると、2021年春季83%、2021年秋季75%ですから、やや落ち込んだ前回と同じです。平均得点率は、筆記試験が66%、聞き取り試験が79%、全体では70%でした。全体の平均得点率の推移を見ると、2021年春季74%、2021年秋季70%ですから、あまり大きな変化はありません。また今回も前回同様、聞き取り試験の平均得点率が筆記試験の平均得点率を上回る結果となりました。

出題内容のあらまし

[筆記]

1 冠詞、前置詞＋冠詞（穴うめ・選択）
2 代名詞（穴うめ・選択）
3 対話文（仏文選択）
4 動詞活用（穴うめ・選択）
5 語順（語句の並べかえによる仏文完成・選択）
6 前置詞（穴うめ・選択）
7 短文（仏文に対応する絵の選択）
8 会話文（内容一致・和文選択）

[聞き取り]

1 短文（仏文に対応する絵の選択）
2 応答文（仏文選択）
3 数（マーク式による記入）
4 会話文（内容一致・和文選択）

筆記試験

解説・解答

1

解説 不定冠詞、定冠詞、部分冠詞の用法のほか、前置詞と定冠詞の縮約に関する知識が問われます。

(1) Il porte toujours (des) lunettes noires.「彼はいつも黒いめがねをかけている」

名詞 lunettes「めがね」は複数名詞で、それについている形容詞 noires「黒い」の形から、女性名詞であることがわかります。めがねが特定されていれば定冠詞 les が、特定されていなければ不定冠詞 des が入ります。この問題文では特定されていませんし、そもそも複数形の冠詞は、選択肢に des しかありません。正解は② des です。

なお、「めがね」はレンズがふたつあることから、つねに複数で使われます。同様に chaussures「靴」、gants「手袋」もふつうは複数で使いますから、まとめて覚えておきましょう。

得点率は92%でした。

(2) Il y a (du) monde dans la rue.「通りに多くの人がいます」

il y a「～がある、～がいる」の構文では、il y a につづく名詞には不定冠詞または部分冠詞がつきます。monde が「世界」の意味で使われる場合には、定冠詞がつきますから、ここでは別の意味で使われていることがわかります。monde には「世界」のほかに、「人びと」という意味があり、「不特定多数の人びと」を表わすときは、部分冠詞をともないます。正解は③ du です。

得点率は29%でした。

(3) Où est (la) station la plus proche ?「最寄りの地下鉄の駅はどこですか」

名詞 station には優等最上級の形容詞 la plus proche「もっとも近い」がついており、名詞が特定化されていることから、定冠詞が入ることがわかります。名詞が女性であることは、最上級を作っている定冠詞の形から明瞭ですから、定冠詞 la が正解になります。正解は④ la です。

得点率は37%でした。

(**4**) Son appartement est (au) premier étage.「彼（女）のアパルトマンは2階にあります」

étage「階」にはpremier「1番目の」という形容詞がついていますから、男性名詞単数であること、そして特定されているので定冠詞が入ることがわかります。またêtre à ...「〜にある」の表現がつかめれば、前置詞àと定冠詞男性単数のleが縮約されてauになることがわかるでしょう。正解は① auです。なお、フランスでは2階から階数を数え始めるので、日本の数え方とひとつずつずれることになります。「1階」はrez-de-chaussée（男性名詞）と言いますから、合わせて覚えておきましょう。

得点率は39%でした。

問題1全体の得点率は49%でした。

解答 (1) ② (2) ③ (3) ④ (4) ①

2 **解説** 対話文で用いられる代名詞についての問題です。人称代名詞（直接目的・間接目的・強勢形）のほか、指示代名詞やen、yといった中性代名詞も出題されます。

(**1**) — Il y a encore des pommes de terre ?「まだじゃがいもはありますか」と聞かれて、— Non, il n'y (en) a plus.「いいえ、もうありません」と答えています。

応答文のil y aはne ... plus「もう〜ない」という否定の表現をともなっていますから、des pommes de terreの不定冠詞複数desは否定のdeに変わります。空欄にはde pommes de terreをうける代名詞が入るはずです。② lesは直接目的語になる複数名詞をうける人称代名詞で、③ leurは間接目的語になる複数名詞をうける人称代名詞です。このとき、否定のde＋名詞をうけることができるのは、中性代名詞enです。正解は① enです。

得点率は64%でした。

(**2**) — Où est-ce que je mets mon sac ?「どこに（私の）バッグを置きましょうか」— Mettez-(le) sur la chaise.「（それを）椅子の上に置いてください」

応答文の Mettez は、他動詞 mettre「置く」の命令法で、2人称 vous の活用形です。この動詞は直接目的語をとりますから、発話の文の mon sac をうける代名詞は人称代名詞で、直接目的の3人称単数形の le ということになります。正解は② le です。

選択肢① la も直接目的の代名詞ですが、女性単数名詞をうけます。③ vous は直接目的語にも間接目的語にもなりえますが、仮に直接目的語だとしても、椅子の上に置くのはバッグではなく、「あなた」になってしまい、会話が成立しません。

得点率は45%でした。

(3) — Tiens, Rose a un nouveau chapeau.「あっ、ローズが新しい帽子をかぶっている」— Il (lui) va bien !「彼女に似合っているなあ」

〈aller + à + 人 / もの〉「〜に似合う、〜に合う」という表現がポイントです。主語の Il は un nouveau chapeau をうけます。Il va bien à Rose. ということですから、à Rose という3人称単数の間接目的語の人称代名詞 lui を選びます。正解は③ lui です。選択肢① la は直接目的語の単数女性名詞をうける人称代名詞、② le は直接目的語の単数男性名詞をうける人称代名詞ですから、どちらもここでは使えません。

得点率は40%でした。

(4) — Tu prends quel train ?「どの電車に乗るの」— (Celui) de 11 heures 30.「11時30分の（電車）に」

指示代名詞の問題です。応答文は、Le train de 11 heures 30. ということですから、指示代名詞は、Le train つまり男性単数形の名詞をうける Celui が入ります。正解は② Celui です。

なお、選択肢① Celle は単数の女性名詞、③ Ceux は複数の男性名詞をうける指示代名詞です。また複数女性名詞であれば、Celles になります。

得点率は75%でした。

(5) — Vous vous couchez très tôt ?「あなたは、とても早く寝ますか」— Oui, mais mon chat se couche plus tôt que (moi).「はい、でも私の猫は私よりも早く寝ます」

比較級の対象が人称代名詞の場合は強勢形が用いられます。したがって、

主語人称代名詞の ① je でも、直接目的にも間接目的にもなる人称代名詞 ② me でもなく、空欄には 1 人称単数強勢形の moi が入ります。正解は ③ moi です。

得点率は 95％でした。

問題 2 全体の得点率は 63％でした。

解答　(1) ①　(2) ②　(3) ③　(4) ②　(5) ③

3　解説　3 つの選択肢から適切な文を選び、対話文を完成する問題です。

(1)　**A** が、Est-ce que je peux parler à madame Sasaki, s'il vous plaît ?「佐々木さんと話せますか」と聞いています。**B** の応答として、① Désolé, elle est sortie.「すみません、彼女は出かけています」は可能です。② Non, elle est occupée.「いいえ、彼女は手がふさがっています」も可能です。③ Oui, elle parle bien anglais.「はい、彼女は英語をうまく話します」は応答として文脈にそぐわないため、不可能です。**B** の応答に **A** は、Ah bon. Alors je vais l'appeler sur son portable.「ああそうですか。それでは彼女の携帯に電話をします」と、答えていますから、正解は ① Désolé, elle est sortie. です。

なお、appeler「～に電話をする」は直接目的語を用います。l' は la がエリジヨンしたものです。

得点率は 71％でした。

(2)　**A** が、Je voudrais envoyer ce paquet, s'il vous plaît.「この小包を送りたいのですが」と **B** に言っています。それに答える **B** の選択肢のうち、① D'accord, attendez un moment.「わかりました、ちょっとお待ちください」は応答として可能です。② En France ou à l'étranger ?「フランスにですか、それとも外国にですか」も可能です。③ Moi non plus.「私もちがいます」は応答として不可能です。**B** の応答に **A** は Aux États-Unis.「アメリカ合衆国に」と答えているので、正解は ② En France ou à l'étranger ? です。

得点率は 90％でした。

(3)　**A** は、Papa, on va chercher maman à l'aéroport ?「パパ、空港にママを

迎えに行こうか」と誘っています。これに応答する**B**の選択肢のうち、① Bien sûr. On y va avec ta mère.「もちろん。そこにママといっしょに行こう」は、ママを迎えに行くという文脈にそぐわないので、応答として不可能です。② Non, elle prendra un taxi.「いや、ママはタクシーを使う予定なんだ」は可能です。③ Oui. Son avion arrive dans une heure.「うん。ママの飛行機は1時間後に到着するよ」も応答として可能です。**B**の応答に**A**は、Il faut nous dépêcher, alors !「それじゃあ急がないと」と言っていますから、正解は③ Oui. Son avion arrive dans une heure. です。

得点率は75%でした。

(4) **A**は、Tu connais ce monsieur ?「あの男性を知っている？」と尋ねています。これに応答する**B**の選択肢のうち、① C'est ma cousine.「私の（女性の）いとこです」は応答として不可能です。② C'est mon voisin.「うちの近所の人（男性）です」は可能です。③ Non. Qui est-ce ?「いいえ。だれですか」も可能です。**B**の応答に**A**は Tu me le présentes ?「彼を紹介してくれる？」と頼んでいますから、正解は② C'est mon voisin. です。

得点率は61%でした。

問題3全体の得点率は74%でした。

解答　(1) ①　(2) ②　(3) ③　(4) ②

4

解説 あたえられた日本語の意味になるように、適切な動詞の活用形を選択する問題です。

(1)「きのう彼らは海で泳いだ」では、動詞 nager の複合過去形の活用が問題になっています。選択肢の動詞はすべて3人称複数形ですが、① nagent は現在形、② nageront は単純未来形、③ ont nagé は複合過去形です。したがって、正解は③ ont nagé です。

得点率は78%でした。

(2)「この夏、私たちはイタリアに行きます」は、未来のことを表わす直説法単純未来形が問題になっています。選択肢の動詞はすべて1人称複数形ですが、① allions は半過去形、② irons は単純未来形、③ sommes allés は複合過去形です。したがって、正解は② irons です。

なお、aller「行く」の単純未来の活用は、〈j'irai、tu iras、il / elle / on ira、nous irons、vous irez、ils / elles iront〉です。

得点率は58%でした。

(3)「1980年には、TGVは存在していなかった」は、過去のある時点（ここでは1980年）に視点を置いて、過去の事柄を継続中のものとして表わす直説法半過去が問題になっています。またここでは、人称代名詞 il が形式上の主語となる非人称構文が使われていますから、選ぶべき活用は、3人称単数に対応する avoir の半過去形です。選択肢の動詞はすべて3人称単数形ですが、① a は現在形、② aura は単純未来形、③ avait は半過去形ですから、正解は③ avait です。

得点率は71%でした。

(4)「本を忘れないで」は、命令を表わす動詞の命令形の活用が問題になっています。ton livre がヒントです。ton は tu と呼んでいる人に対して用いる所有形容詞です。ここからこの命令文では tu に呼びかけていることがわかりますから、選ぶべきは、oublier の2人称単数 tu に対する命令法の活用形です。① oublie が2人称単数 tu に対応する命令法の活用形なので、正解は① oublie です。選択肢のうち、② oublies は tu に対応する直説法現在の活用形であり、命令法の活用形ではありませんし、③ oubliez は、2人称 vous に対応する命令法の活用形です。命令法ではありますが、これを選んでしまうと、1文の中に vous と tu が混在してしまうので、本問の解答にはなりません。

得点率は40%でした。

(5)「毎夕、母にEメールを送っています」は、動詞の直説法現在が問題になっています。選ぶべき活用は、主語1人称単数 Je に対応する envoyer の現在形です。選択肢の動詞はすべて1人称単数形ですが、① ai envoyé は複合過去形、② envoie は現在形、③ envoyais は半過去形ですから、正解は② envoie です。

なお、envoyer「送る」の直説法現在の活用は、〈j'envoie、tu envoies、il / elle / on envoie、nous envoyons、vous envoyez、ils / elles envoient〉です。

得点率は69%でした。

問題4全体の得点率は63%でした。

解答 (1) ③　(2) ②　(3) ③　(4) ①　(5) ②

5 **解説** 選択肢①～④の語を並べかえて文を完成させる問題です。

(1) Corinne vit avec ...「コリンヌは～と暮らしています」のあとに続く語は、選択肢を見ると、冠詞＋形容詞＋名詞＋形容詞が想定されます。冠詞は不定冠詞男性単数形の、④ un しかありません。さらに名詞は② chien「犬」だろうと見当がつきます。さて、問題は、それぞれの形容詞をどこに置くかという点です。フランス語の形容詞は、名詞のあとに置くのが原則です。ただし、bon(ne)「よい、おいしい」、grand(e)「大きい」、jeune「若い」など、日常的によく使われる短い形容詞には名詞の前に置かれるものがあり、この問題の petit(e) もその1つです。そのため、この文では不定冠詞 un と名詞 chien の間に③ petit が入ります。① blanc のように色を表わす形容詞は、国籍を示す形容詞と同様、名詞のあとに置くのが原則です。Corinne vit avec un petit (chien) blanc.「コリンヌは白い小犬と暮らしています」となって、② chien が正解です。

名詞の前に置かれる形容詞には、このほかにも、mauvais(e)「悪い」、nouveau (nouvelle)「新しい、今度の」、vieux (vieille)「古い、年をとった」、beau (belle)「美しい」などがあります。

得点率は79%でした。

(2) Elle が主語ですが、3人称単数ですから、対応する動詞は② met です。問題文には ne がありますから、否定の表現が想定されます。選択肢に③ pas がありますので、ne と pas で動詞をはさめば否定形になります。また否定文のなかでは、直接目的語につく不定冠詞や部分冠詞は de になるのが原則ですから、① de は、④ sucre「砂糖」の前に置かれている部分冠詞 du が変わったものと考えることができます。Elle ne met pas (de) sucre dans son café.「彼女はコーヒーに砂糖を入れません」という文が完成します。正解は① de です。

得点率は88%でした。

(**3**) Il が主語の場合は要注意です。「彼」なのか、非人称主語なのかを見きわめることが重要です。選択肢を見ると、② de がありますから、〈Il est + 形容詞 + de + 不定詞〉「～するのは～である」という非人称構文が見えてきます。Il est ... の次にくるのは形容詞 ④ difficile「むずかしい」だと考えられるので、これをつけて Il est difficile de ...「～するのはむずかしい」という文ができます。de のあとに続く語句は動詞の不定詞なので、① chanter「歌う」を加えます。そのあとに残った選択肢 ③ devant をつけると、devant la classe「クラスの生徒の前で」という表現ができあがります。Il est difficile de (chanter) devant la classe.「クラスの生徒の前で歌うのはむずかしい」となり、① chanter が正解です。

得点率は50%でした。

(**4**) 主語は Je ですから、対応する動詞は ③ vais です。選択肢には動詞の不定詞がありますから、〈aller + 不定詞〉で「～するつもりだ」(近接未来)、あるいは「～しにいく」(目的) を表わすことが想定されます。ここでは動詞 ② accompagner「～に付き添う、～といっしょに行く」をともなっているので、近接未来として使われているようです。選択肢 ④ vous は ② accompagner の直接目的語だと考えることができます。最後に残った選択肢 ① à をつけると à l'hôpital「病院に」という表現ができあがります。Je vais vous (accompagner) à l'hôpital.「あなたに付き添って病院に行きますよ」という文が完成します。正解は ② accompagner です。

得点率は73%でした。

(**5**) 主語である Tu につづくのは、活用している動詞 ③ souviens でしょうか。souvenir は、つねに代名動詞 se souvenir de ...「～を思い出す、覚えている」という形で使われますから、souviens の前に ④ te をつけて、Tu te souviens ...「あなたは覚えている」としなければなりません。そこに ② de を加えて、Tu te souviens de ...「あなたは～を覚えている」という文を作ります。文末の histoire の前に指示形容詞 ① cette を入れれば、Tu te souviens (de) cette histoire ?「あなたはこの話を覚えている？」という文ができあがります。正解は ② de です。

得点率は73%でした。

問題5全体の得点率は73%でした。

解答　(1) ②　(2) ①　(3) ①　(4) ②　(5) ②

6

解説、文意に則し、適切な前置詞を選択する問題です。

(1) Cet après-midi, je vais (chez) le médecin.「今日の午後、私は医者に行きます」

aller「～に行く」は、「建物」の場合には、〈aller + à + 建物〉、「人」の場合には〈aller + chez + 人〉となります。この問題では、le médecin「医師」とともに用いられていますから、① chezが正解です。ちなみに「パン屋に行く」は、aller à la boulangerieともaller chez le boulangerとも言えますが、それぞれ「パン屋の店」にはà、「パン屋の店主」にはchezがつくことを確認しておきましょう。

得点率は40%でした。

(2) Je rentre en France (pendant) ces vacances.「この休みにフランスに帰ります」

③ pendantは「～の間に」という「期間」を示す意味で用いますから、pendant ces vacancesで「この休みの間に」の意味になります。正解は③ pendantです。

前置詞àは「時刻」を示すときに使います。たとえばJe me lève à sept heures.「私は7時に起きます」(『仏検公式基本語辞典』**à**)のように用います。

得点率は74%でした。

(3) Nos sacs sont (en) papier.「私たちのバッグは紙でできています」

前置詞enは「材質」の表現をともなうと、「～でできた」を意味します。正解は① enです。

enは前置詞としていくつもの使い方があります。「場所」を示してen France、「所要時間」を表わしてJe finis ce travail en vingt minutes.「この仕事を20分でやります」(『仏検公式基本語辞典』**en**)、「年号・月」を表わして en décembre、「手段・方法」を表わして en train のように用いますから、まとめて復習しておきましょう。

得点率は55%でした。

(4) Tu dois marcher beaucoup (pour) ta santé.「あなたは健康のためにたくさん歩かなければなりません」

目的を示す「～のために」に相当する前置詞の問題です。正解は③ pour です。

なお、前置詞 avec には、「同伴・共同」の表現で「～といっしょに」(たとえば、avec mon père)、「道具・材料」の表現で「～で、～を使って」(たとえば、Va acheter quelque chose à manger avec cet argent.「このお金で何か食べものを買っていらっしゃい」『仏検公式基本語辞典』**avec**) などの用法があります。

得点率は63%でした。

問題6全体の得点率は58%でした。

解答　(1) ①　(2) ③　(3) ①　(4) ③

7

解説　フランス語の文(1)～(6)の内容に対応する場面を9つのイラストから選ぶ問題です。

(1) Camille attend son bus.「カミーユはバスを待っている」

女性がバス停でバスを待っているイラスト③が正解です。attend は、動詞 attendre の直説法現在の活用形で、直説法現在の活用は〈j'attends、tu attends、il / elle / on attend、nous attendons、vous attendez、ils / elles attendent〉です。同型活用の動詞には、descendre、entendre、perdre、rendre、répondre、vendre などがあります。

得点率は99%でした。

(2) Camille est assise par terre.「カミーユは地面にすわっている」

女性が芝生の上にすわって本を読んでいるイラスト⑨が正解です。être assis(e) は「すわっている」状態を表わします。一方、代名動詞 s'asseoir は「すわる」動作を表わします。なお、par terre「地面に」という表現では、名詞terreが無冠詞になります。
得点率は48%でした。

(3) Camille fait des courses.「カミーユは買い物をする」
女性がスーパーで買い物をしているイラスト⑧が正解です。名詞courseには「走ること、レース」の他に複数形で「買い物」という意味があります。動詞faireの現在形は〈je fais、tu fais、il / elle / on fait、nous faisons、vous faites、ils / elles font〉と活用します。faiは[fɛ フェ]と発音しますが、1人称複数のnous faisonsは[fə フ]と発音します。vousの活用語尾が-ezではなく、-esとなる点にも注意してください。faireと同じようにvousの活用語尾が-esとなるのは、être (vous êtes) とdire (vous dites) のみですから、3つまとめて覚えておきましょう。
得点率は63%でした。

(4) Camille mange toute seule.「カミーユはひとりきりで食べている」
女性が、ひとりで食事をしているイラスト④が正解です。「2人連れの女性」が食事をしているイラスト①や女性がバーのカウンターで「立ち飲みをしている」イラスト⑦ははずれです。ちなみに「飲む、酒を飲む」はboireです。動詞mangerは-er動詞（第1群規則動詞）ですが、nousの活用形がnous mangeonsとなるので、注意しましょう。
なお、toute seuleのtoutは副詞です。副詞は変化しないはずですが、副詞のtoutは子音または有音のhで始まる女性形容詞の前では性・数の変化をします。
得点率は82%でした。

(5) Camille prend l'escalier.「カミーユは階段を使う」
女性が階段を上るイラスト⑥が正解になります。なお、prendre l'ascenseur「エレベーターに乗る」も合わせて覚えておきましょう。
動詞prendreの直説法現在の活用は〈je prends、tu prends、il / elle / on prend、nous prenons、vous prenez、ils / elles prennent〉です。同型活用の動詞にはapprendre、comprendreなどがあります。
得点率は41%でした。

(6) Camille se repose dans sa chambre.「カミーユは自分の部屋で休んでいる」

日本語の「休む」は「床につく」と「休息をとる」という2つの意味に用いますが、この問題のse reposerは後者の意味でのみ使われます。イラストを見ると、女性が芝生の上に座って本を読んでいるイラスト⑨のような場面についてもse reposerという言い方ができそうですが、問題文にはdans sa chambre「自分の部屋（寝室）で」とあるので、女性が部屋のソファで本を読んでいるイラスト⑤が正解です。

代名動詞se reposer「休息する」の直説法現在の活用は〈je me repose, tu te reposes, il / elle / on se repose, nous nous reposons, vous vous reposez, ils / elles se reposent〉です。

得点率は77%でした。

問題7全体の得点率は68%でした。

解答 (1) ③　(2) ⑨　(3) ⑧　(4) ④　(5) ⑥　(6) ⑤

8

解説 会話文を読み、設問(1)～(6)の日本語の文が会話の内容に一致するかどうかを判断します。

アランはセリーヌに出会って声をかけます。セリーヌは今住んでいるアパルトマンの騒音がひどいので、新しいアパルトマンをさがしているところです。セリーヌはいいアパルトマンが見つかったけれど値段が高すぎるのだ、とぼやきます。そこでアランは田舎の一軒家なら、都会のアパルトマンよりも安いし、騒音も少ないのでは、とアドバイスします。

(1)「セリーヌは、今住んでいるアパルトマンに満足していない」

Tu n'es pas contente de ton appartement ?「今のアパルトマンに満足していないの？」というアランの質問に、セリーヌは、Non.「そうなの」と返答していますから、設問文は会話の内容に一致しています。正解は①になります。なお、フランス語のSi. / Non.と、日本語の「いいえ」「はい」が逆になることに気をつけましょう。日本語の「はい」「いいえ」は相手が述べた文の内容が正しいか、正しくないかを表わしますが、フランス語のOui. / Si. / Non.は自分の答えが肯定文か否定文かを表わします。否定の疑問に対する肯定の答えにはSi. を用いることもおさえておきましょう。
得点率は80%でした。

(2)「セリーヌは、2ヵ月前から騒音でよく眠っていない」
セリーヌは満足していない理由を、Je ne dors pas bien à cause du bruit depuis deux semaines.「2週間前から騒音でよく眠れないの」と説明しています。「2ヵ月前」ではなく、「2週間前」ですから、設問文は会話の内容に一致しません。正解は②になります。
得点率は64%でした。

(3)「セリーヌが見つけた別のアパルトマンは値段が手頃ではなかった」
アランのEt tu en as trouvé un autre ?「それでほかのを見つけられたの？」という質問に、セリーヌは、Oui, mais il est trop cher.「ええ、でも高すぎるの」と返答していますから、設問文は会話の内容に一致しています。正解は①になります。なお、Et tu en as trouvé un autre ? は Et tu as trouvé un autre appartement ? ということです。
得点率は83%でした。

(4)「アランは、田舎の一軒家を見つけたらどうかと提案している」
アランはAlors, tu peux peut-être trouver une maison à la campagne ?「それじゃあ、田舎の一軒家を見つけてもいいんじゃないかな」と述べていますから、設問文は会話の内容に一致します。正解は①になります。
得点率は94%でした。

(5)「セリーヌは、引っ越したら毎日森で散歩するつもりだ」
セリーヌはアランの提案に、Pourquoi pas ?「いいね」と賛成して、Et le week-end, je me promènerai dans les bois.「そうしたら、週末に森を散歩するつもりよ」と言い添えています。森を散歩するのは「毎日」ではなく、「週末」ですから、設問文は会話の内容に一致しません。正解は②になります。なお、Pourquoi pas ? は「どうしてだめなのか」が転じて、「だめなわけがない、いいですね」の意味で用いられます。
得点率は82%でした。

(6)「セリーヌは、通勤に 1 時間以上かかるなら引っ越しはしないと言っている」

アランが Mais tu mettras plus d'une heure pour venir au bureau.「でもオフィスに来るのに 1 時間以上かかってしまうね」と言うと、セリーヌは、Ce n'est pas un problème. Je me lèverai plus tôt.「問題ない。もっと早く起きるから」と返答していますから、設問文は会話の内容に一致しません。正解は②になります。

得点率は 89%でした。

問題8全体の得点率は 82%でした。

解答　(1) ①　(2) ②　(3) ①　(4) ①　(5) ②　(6) ②

聞き取り試験

解説・解答

1

(読まれる文)

(1) À bientôt !

(2) Je peux passer par là ?

(3) Tu vas mieux ?

(4) Un moment, s'il te plaît.

解説 フランス語の文を聞き取り、その内容にふさわしい場面を6つのイラストから選ぶ問題です。

(1) À bientôt !「またね」

女性が男の子と女の子に手を振りながら話しかけているイラスト①が正解になります。À を使った別れのあいさつとして、À demain !「またあした」、À lundi !「では月曜日に」、À la semaine prochaine !「また来週」なども復習しておきましょう。

得点率は86%でした。

(2) Je peux passer par là ?「そこを通ってもいいですか」

工事中の通りで、工事をしている人に女性が話しかけている②が正解になります。この問題では前置詞 par が通過の表現（「～を通って」）として使われています。

得点率は67%でした。

(3) Tu vas mieux ?「よくなった？」

母親とおぼしき女性がベッドに横たわっている男の子に心配そうに、何か言っているイラスト⑥が正解になります。aller bien は「元気である」、mieux「よりよく、よりじょうずに」は bien の優等比較級ですから、aller mieux は「具合がよくなる」を意味します。

得点率は 72%でした。

(4) Un moment, s'il te plaît.「ちょっと待って」

パソコンに向かって作業をしている女性が、書類を手に話しかけてきた男性を制すようなしぐさをして何か言っているイラスト③が正解になります。すこしていねいに言う場合には、Un moment, s'il vous plaît. です。

得点率は 65%でした。

問題[1]全体の得点率は 72%でした。

解答 (1) ① (2) ② (3) ⑥ (4) ③

2

(読まれる質問)

(1) Elle vient comment ?

(2) Où est-ce que tu attends Chloé ?

(3) Quel sport faites-vous ?

(4) Vous avez des cours le mardi ?

解説 フランス語の質問を聞き取り、適切な応答を2つの選択肢から選びます。

(1) Elle vient comment ?「彼女はどうやって来ますか」

会話ではよくあることですが、この疑問文では「移動手段」を問う疑問副詞 comment が文末に置かれています。この comment [kɔmɑ̃ コマン] を聞きとれれば、彼女が「どうやって来るのか」が問われていることがわかります。選択肢は ① À la gare.「駅に」、② En bus.「バスで」ですから、② が正解です。

得点率は 84%でした。

(**2**) Où est-ce que tu attends Chloé ?「どこでクロエを待つの」

文の冒頭の疑問詞 Où [u ウ] が聞き取れれば、「場所」を尋ねていることがわかります。選択肢は ① À l'entrée.「入り口で」、② Vers quatre heures.「4時ごろ」なので、① が正解です。

得点率は 88%でした。

(**3**) Quel sport faites-vous ?「どんなスポーツをやりますか」

文頭の疑問形容詞 quel は、それにかかる名詞の性数に対応して変化して、「どの」を意味します。選択肢は ① J'aime voyager.「旅行するのが好きです」、② Je cours le soir.「毎晩走っています」ですから、② が正解です。

なお、faites は、問題7の(3)でも見たように、動詞 faire の活用形です。cours は、動詞 courir の直説法現在の活用形です。

得点率は 65%でした。

(**4**) Vous avez des cours le mardi ?「火曜日は授業がありますか」

選択肢は ① Oui, ce week-end.「はい、この週末」、② Oui, j'en ai trois.「はい、3つあります」ですから、② が正解です。ちなみに Oui, j'en ai trois. は Oui, j'ai trois cours. ということです。

なお、le mardi についてですが、曜日の名詞に定冠詞をつけると、「毎〜曜日」を意味します。ここでは le mardi と単数形ですが、複数形 (tous) les mardis でも同じ意味になります。冠詞がないと、話している時点から見て直近の火曜日という意味になり、どの火曜日かが限定されます。

得点率は 76%でした。

問題2全体の得点率は 78%でした。

解答　(1) ②　(2) ①　(3) ②　(4) ②

3

（読まれる文）

(1) Ce grand arbre a quatre-vingt-dix ans.
(2) Ce boulanger fait cinquante-deux baguettes par jour.
(3) Il n'y a que vingt-six personnes dans la salle de cinéma.
(4) Ces animaux mangent tous les jours soixante-treize kilos de poisson.

解説　フランス語の文にふくまれる数を聞き取る問題です。

(1) Ce grand arbre a quatre-vingt-dix ans.「この大木は樹齢90年です」

90が正解です。81から99までの数字は、quatre-vingtに1から19までの数字をそれぞれうしろにつけて言います。数名詞の90 quatre-vingt-dixは単独だと[katrəvɛ̃dis カトるヴァンディス]と発音されますが、この文では母音で始まるans [ɑ̃ アン]「年」があとにつづくため、ひとつづきに[katrəvɛ̃dizɑ̃ カトるヴァンディザン]と発音されます。

得点率は57%でした。

(2) Ce boulanger fait cinquante-deux baguettes par jour.「このパン屋は1日に52本のバゲットを作ります」

52が正解です。52はcinquante-deux [sɛ̃kɑ̃tdø サンカントドゥ]と発音されます。

得点率は76%でした。

(3) Il n'y a que vingt-six personnes dans la salle de cinéma.「映画館には26人にしかいません」

26が正解です。26単独の発音は[vɛ̃tsis ヴァントスィス]です。この問題では子音で始まる名詞personnesをともなっているので、数詞の最後のxの音が発音されずに、[vɛ̃tsi ヴァントスィ]と発音されます。

得点率は72%でした。

(**4**) Ces animaux mangent tous les jours soixante-treize kilos de poisson.「この動物たちは毎日73キロの魚を食べる」

73が正解になります。70から79までの数字は、60の後ろに、残りの数字を足していきますが、71はetが入り、soixante(-)et(-)onzeとなるので、注意を要します。73は60 + 13という言い方になるので、soixante-treize [swasɑ̃ttrɛːz ソワサントトれーズ] と発音されます。

なお、poissonに複数形のsがついていないのは、個々の魚ではなく「魚肉」という意味で使われているためです。

得点率は70%でした。

問題3全体の得点率は69%でした。

解答 (1) 90　(2) 52　(3) 26　(4) 73

4

(読まれる会話)

Julie :	Allô, Olivier ? C'est Julie. Ça va bien ?
Olivier :	Oui et toi ? Où es-tu ?
Julie :	Je suis dans ma cuisine. Je vais faire de la confiture de pommes.
Olivier :	Ça doit être bon !
Julie :	Dans deux heures, ce sera fini.
Olivier :	J'aimerais bien en manger.
Julie :	D'accord, je vais t'en apporter ce soir.
Olivier :	C'est très gentil !

解説 会話文を聞き取り、日本語の文(1)～(5)がその内容に一致するかどうかを判断する問題です。ジュリとオリヴィエが話しています。

(**1**)「ジュリはオリヴィエに電話をかけている」

ジュリはオリヴィエに Allô, Olivier ? C'est Julie.「もしもしオリヴィエ？私、ジュリ」と言っているので、設問文は会話の内容に一致します。正解は①です。

得点率は 99%でした。

(**2**)「ジュリは今、キッチンにいる」

Où es-tu ?「どこにいるの」と問うオリヴィエに対して、ジュリが Je suis dans ma cuisine.「キッチンにいるの」と答えているので、設問文は会話の内容に一致します。正解は①です。

得点率は 90%でした。

(**3**)「ジュリは2時間後にジャム作りをはじめる」

ジュリは Je vais faire de la confiture de pommes.「これからりんごジャムを作るの」と言っていますから、「2時間後」ではなさそうです。さらに Ça doit être bon !「おいしいだろうなあ」というオリヴィエに対して Dans deux heures, ce sera fini.「2時間後には完成の予定」と応じていますから、設問文は会話の内容に一致しません。正解は②です。

得点率は 91%でした。

(**4**)「オリヴィエはジュリの作るジャムを食べてみたい」

2時間後には出来上がっていると聞いたオリヴィエは J'aimerais bien en manger.「それを食べてみたいなあ」と言っています。したがって、設問文は会話の内容に一致します。〈J'aimerais / Nous aimerions ＋不定詞〉は仮定的願望を表わし「できれば～したいのですが」という意味になります。en は de la confiture de pommes をうけています。正解は①です。

得点率は 98%でした。

(**5**)「ジュリがオリヴィエのところにジャムを持っていくのは、あしたである」

オリヴィエから「食べてみたいなあ」と言われて、ジュリは D'accord, je vais t'en apporter ce soir.「わかった、今晩持っていくね」と言っていますので、設問文は会話の内容に一致しません。動詞 apporter「持っていく」の前に目的語 t'en があり、さらに en と apporter とがリエゾンするので複雑な音だと感じるかもしれません。とはいえポイントは「あした」の箇所ですから、demain ではなく、ce soir と言っていることが聞き取れればだいじょうぶです。ちなみに目的語 t'en は間接目的語 te のあとに中性代名詞の en がつづいたために、te がエリジョンして t'en となっています。正解は②です。

得点率は94%でした。

問題4全体の得点率は94%でした。

解答　(1) ①　(2) ①　(3) ②　(4) ①　(5) ②

配点表

問題番号	筆記試験	1	2	3	4	5	6	7	8	小計	聞き取り	1	2	3	4	小計	合計
点		8	10	8	10	10	8	6	6	66		8	8	8	10	34	100

2022年度秋季
実用フランス語技能検定試験
試験問題冊子　〈 4 級 〉

問題冊子は試験開始の合図があるまで開いてはいけません。

筆 記 試 験	12 時 10 分 ～ 12 時 55 分 (休憩なし)
聞き取り試験	12 時 55 分から約 15 分間

◇問題冊子は表紙を含め 16 ページ、筆記試験が 8 問題、聞き取り試験が 4 問題です。

注　意　事　項

1　途中退出はいっさい認めません。

2　筆記用具は **HB または B の黒鉛筆** (シャープペンシルも可) を用いてください。ボールペンや万年筆等でマークした解答は機械による読み取りの対象とならないため、採点されません。

3　解答用紙の所定欄に、**受験番号**と**カナ氏名**が印刷されていますから、まちがいがないか、**確認**してください。

4　**解答は、解答用紙の解答欄にマークしてください。**たとえば、1 の (1) に対して ③ と解答する場合は、次の例のように解答欄の ③ にマークしてください。

例 1

解答番号	解　答　欄
(1)	① ② ● ④ ⑤ ⑥

5　解答に関係のないことを書いた答案は無効にすることがあります。

6　解答用紙を折り曲げたり、破ったり、汚したりしないように注意してください。

7　問題内容に関する質問はいっさい受けつけません。

8　不正行為者はただちに退場、それ以降および来季以後の受験資格を失うことになります。

9　**携帯電話等の電子機器の電源はかならず切って、かばん等にしまってください。**通信機能のある時計は使用を禁じます。

10　**時計のアラームは使用しないでください。**

11　この試験問題の複製 (コピー) を禁じます。また、この試験問題の一部または全部を当協会の許可なく他に伝えたり、漏えいしたりすることを禁じます (インターネットや携帯サイト等に掲載することも含みます)。

筆記試験終了後、休憩なしに聞き取り試験にうつります。

1　次の (1) ～ (4) の (　　) 内に入れるのにもっとも適切なものを、下の ① ～ ⑥ のなかから 1 つずつ選び、解答欄のその番号にマークしてください。ただし、同じものを複数回用いることはできません。(配点　8)

(1)　Elle va rentrer (　　) États-Unis.

(2)　Il y a (　　) bel hôtel dans ce village.

(3)　Marc adore (　　) films japonais.

(4)　Tu as (　　) chance !

① au　　② de　　③ de la
④ des　　⑤ les　　⑥ un

(解説・解答 ▶ p.152)

2

次の対話 (1) ～ (5) の (　　) 内に入れるのにもっとも適切なものを、それぞれ ① ～ ③ のなかから1つずつ選び、解答欄のその番号にマークしてください。(配点　10)

(1) — Alice vit en Allemagne ?
— Oui, elle (　　) habite depuis longtemps.

① en　　② lui　　③ y

(2) — Comment trouvez-vous votre professeur de japonais ?
— Il est gentil mais il (　　) donne beaucoup de devoirs !

① leur　　② lui　　③ nous

(3) — Les légumes sont bons dans ce magasin.
— Oui, mais (　　) de ma grand-mère sont meilleurs.

① celle　　② celui　　③ ceux

(4) — Pour mon anniversaire, j'ai reçu cette robe.
— Elle est jolie ! Tu me (　　) prêtes pour samedi ?

① la　　② le　　③ les

(5) — Vous connaissez mes parents ?
— Non, pas encore. Présentez-les-(　　).

① la　　② moi　　③ vous

(解説・解答 ▶ p.153)

3　次の (1) ～ (4) の **A** と **B** の対話を完成させてください。**B** の下線部に入れるのにもっとも適切なものを、それぞれ ① ～ ③ のなかから 1 つずつ選び、解答欄のその番号にマークしてください。(配点　8)

(1) **A** : Allô, bonjour. J'ai rendez-vous avec le docteur.
B : ______________________
A : Oh pardon ! Je suis désolé.

① Mais, c'est une pharmacie ici !
② Quel est votre nom ?
③ Qu'est-ce que c'est ?

(2) **A** : Hier, je suis allée déjeuner avec Martine.
B : ______________________
A : Il y a trois jours.

① Elle fait toujours beaucoup de sport ?
② Quand est-ce qu'elle est revenue de Chine ?
③ Viens vite !

(3) **A** : Qu'est-ce que tu fais ?
B : ______________________
A : Elles ne sont pas sous le journal ?

① Je cherche mes lunettes.
② Je prépare mes bagages.
③ Je veux bien.

(4) **A** : Vous avez l'air fatigué.
B : ______________________
A : Il faut vous reposer un peu !

① C'est vrai. J'ai trop de travail ces jours-ci.
② Oui, je suis très heureux.
③ Pas du tout ! J'ai bien dormi hier soir.

(解説・解答 ▶ p.156)

4

次の日本語の文 (1) ～ (5) の下には、それぞれ対応するフランス語の文が記されています。(　　) 内に入れるのにもっとも適切なものを、それぞれ ① ～ ③ のなかから1つずつ選び、解答欄のその番号にマークしてください。(配点　10)

(1)　ありがとうございます。

Je vous (　　).

① remerciais　　② remercie　　③ remercierai

(2)　おじいちゃんにおやすみを言いなさい。

Tu (　　) bonne nuit à ton grand-père !

① diras　　② disais　　③ dites

(3)　その犬に意地悪をしちゃだめだよ。

Ne (　　) pas méchants avec le chien !

① sois　　② sont　　③ soyez

(4)　当時は何を勉強していたのですか。

Qu'est-ce que vous (　　) à ce moment-là ?

① étudierez　　② étudiez　　③ étudiiez

(5)　私の母は2020年に亡くなりました。

Ma mère (　　) en 2020.

① est morte　　② meurt　　③ mourra

(解説・解答 ▶ p.157)

5　例にならい、次の (1) ～ (5) において、それぞれ ① ～ ④ をすべて用いて文を完成したときに、(　　) 内に入るのはどれですか。① ～ ④ のなかから 1 つずつ選び、解答欄のその番号にマークしてください。なお、① ～ ④ では、文頭にくるものも小文字にしてあります。(配点　10)

例：Vous prenez ______ ______ (______) ______ droite.

① à　② deuxième　③ la　④ rue

Vous prenez __la__ __deuxième__ (__rue__) __à__ droite.

③ ② ④ ①

となり、③②④① の順なので、(　　) 内に入るのは ④。

(1) Ce pantalon ______ ______ (______) ______ ?

① ne　② pas　③ plaît　④ te

(2) Elle ______ ______ (______) ______ son frère.

① court　② plus　③ que　④ vite

(3) Hugo ______ ______ (______) ______ cette ville.

① dans　② devenir　③ médecin　④ veut

(4) Il ______ ______ (______) ______ avant minuit.

① couche　② jamais　③ ne　④ se

(5) ______ ______ (______) ______ ensemble !

① bons　② de　③ moments　④ passez

(解説・解答 ▶ p.159)

6　次の (1) ～ (4) の (　　) 内に入れるのにもっとも適切なものを、それぞれ ① ～ ③ のなかから 1 つずつ選び、解答欄のその番号にマークしてください。(配点　8)

(1) Elles déjeunent (　　) un grand arbre.

① avant　② entre　③ sous

(2) Magali est encore (　　) la salle de bain ?

① après　② chez　③ dans

(3) Tu lis ce livre en anglais (　　) dictionnaire !

① depuis　② sans　③ vers

(4) (　　) mes copains, Nathalie est la plus intelligente.

① À　② Parmi　③ Pendant

(解説・解答 ▶ p.161)

7　次の (1) ～ (6) にもっともふさわしい絵を、下の ① ～ ⑨ のなかから 1 つずつ選び、解答欄のその番号にマークしてください。ただし、同じものを複数回用いることはできません。(配点　6)

(1)　Mehdi conduit une voiture.
(2)　Mehdi est dans un parc.
(3)　Mehdi fait dormir son bébé.
(4)　Mehdi ne peut pas utiliser son ordinateur.
(5)　Mehdi offre des fleurs à sa mère.
(6)　Mehdi rit beaucoup.

①

②

③

④

⑤

⑥

⑦

⑧

⑨

（解説・解答 ▶ p.163）

8

次の会話を読み、下の (1) ～ (6) について、会話の内容に一致する場合は解答欄の ① に、一致しない場合は ② にマークしてください。(配点　6)

Théo : Tu te souviens de mon frère Laurent ?
Lili : Bien sûr ! Il va bien ?
Théo : Oui ! Il vient d'ouvrir un petit restaurant japonais à Paris.
Lili : Ah, bon ! Il fait la cuisine lui-même ?
Théo : Oui, il a vécu sept ans à Kyoto pour apprendre la cuisine japonaise.
Lili : C'est formidable ! Il est où, ce restaurant ?
Théo : Pas très loin de chez toi.
Lili : Si tu veux, on y va ensemble vendredi soir ?
Théo : Pourquoi pas ! Je passe vers six heures à ton appartement ?
Lili : D'accord !

(1) ロランはパリに日本料理のレストランを開店した。

(2) ロランは自分で料理もする。

(3) ロランは日本で料理を学んだ経験はない。

(4) ロランの店はリリの自宅から遠い。

(5) テオとリリがロランの店へ行くのは金曜の夜である。

(6) テオとリリは 6 時頃にロランの店で待ち合わせをする。

(解説・解答 ▶ p.164)

聞き取り試験問題

聞き取り試験時間は、12時55分から約15分間

注意事項

1　聞き取り試験は、CD・テープでおこないますので、CD・テープの指示にしたがってください。

2　解答はすべて筆記試験と同じ解答用紙の解答欄に、**HBまたはBの黒鉛筆**(シャープペンシルも可)でマークしてください。ボールペンや万年筆等でマークした解答は機械による読み取りの対象とならないため、採点されません。

1

- フランス語の文 (1) ～ (4) を、それぞれ3回ずつ聞いてください。
- それぞれの文にもっともふさわしい絵を、下の ① ～ ⑥ のなかから1つずつ選び、解答欄のその番号にマークしてください。ただし、同じものを複数回用いることはできません。

(メモは自由にとってかまいません)(配点　8)

[音声を聞く順番]　㉔ → ㉕

(1)

(2)

(3)

(4)

①

②

③

④

⑤

⑥

(解説・解答 ▶ p.167)

2

• フランス語の質問 (1) ～ (4) を、それぞれ 3 回ずつ聞いてください。
• (1) ～ (4) の質問に対する応答として適切なものを、それぞれ ①、② から選び、解答欄のその番号にマークしてください。
(メモは自由にとってかまいません) (配点 8)

[音声を聞く順番] ㉖ → ㉗

(1) ① Je vous en prie.
② Oui, très.

(2) ① Le premier août.
② Six.

(3) ① Au supermarché.
② C'est mon père.

(4) ① À midi.
② Le mois dernier.

(解説・解答 ▶ p.168)

3

- フランス語の文 (1) ～ (4) を、それぞれ 3 回ずつ聞いてください。
- どの文にもかならず数が含まれています。例にならって、その数を解答欄にマークしてください。

（メモは自由にとってかまいません）（配点　8）

［音声を聞く順番］　㉘ → ㉙

(例)

- 「7」と解答したい場合には、

● ① ② ③ ④ ⑤ ⑥ ⑦ ⑧ ⑨
⓪ ① ② ③ ④ ⑤ ⑥ ● ⑧ ⑨

とマークしてください。

- 「15」と解答したい場合には、

⓪ ● ② ③ ④ ⑤ ⑥ ⑦ ⑧ ⑨
⓪ ① ② ③ ④ ● ⑥ ⑦ ⑧ ⑨

とマークしてください。

(1)

(2)

(3)

(4)

（解説・解答 ▶ p.170）

4

- 母親と息子ロマンの会話を 3 回聞いてください。
- 次の (1) ～ (5) について、会話の内容に一致する場合は解答欄の ① に、一致しない場合は ② にマークしてください。

（メモは自由にとってかまいません）（配点　10）

［音声を聞く順番］　㉚ → ㉛ → ㉜

(1)　きょうは土曜日である。

(2)　マリーは昼食に招待されている。

(3)　マリーは 1 時間後に着く。

(4)　父親はマリーを駅まで迎えに行く。

(5)　母親はロマンにケーキを買ってくるよう頼む。

（解説・解答 ▶ p.171）

2022年度秋季4級

今季の出願者は2,867名、そのうち受験者は2,611名で、合格者は1,993名でした。実受験者に対する合格率は76%となり、過去の合格率と比較すると、2021年春季83%、2021年秋季75%、2022年春季75%ですから、おおむね安定しているといえるでしょう。平均得点率は、筆記試験が68%、聞き取り試験が78%、全体では72%でした。全体の平均得点率の推移を見ると、2021年春季74%、2021年秋季70%、2022年春季70%ですから、こちらも大きな変化はありませんでした。聞き取り試験の平均得点率が筆記試験の平均得点率を上回る傾向が続いています。

出題内容のあらまし

[筆記]

1 冠詞、前置詞＋冠詞（穴うめ・選択）
2 代名詞（穴うめ・選択）
3 対話文（仏文選択）
4 動詞活用（穴うめ・選択）
5 語順（語句の並べかえによる仏文完成・選択）
6 前置詞（穴うめ・選択）
7 短文（仏文に対応する絵の選択）
8 会話文（内容一致・和文選択）

[聞き取り]

1 短文（仏文に対応する絵の選択）
2 応答文（仏文選択）
3 数（マーク式による記入）
4 会話文（内容一致・和文選択）

筆記試験

解説・解答

1　**解説**　不定冠詞、定冠詞、部分冠詞の用法のほか、前置詞と定冠詞の縮約に関する知識が問われます。

(1)　Elle va rentrer (des) États-Unis.「彼女はアメリカから帰国します」

動詞 rentrer「帰宅する、もどる」に〈de + 名詞〉がつづくと、「〜からもどる」という意味を表わします。また国名 États-Unis「アメリカ合衆国」は男性名詞の複数形なので、定冠詞 les がつきます。前置詞 de のあとに定冠詞 les がくるので、縮約して des となります。正解は④ des です。

なおこの文において、前置詞 à を用いれば「〜にもどる」という意味になりますが、その場合には à と les が縮約した aux が必要です。選択肢① au は à と男性名詞の単数形につく定冠詞 le が縮約した形なので、ふさわしくありません。「〜からもどる」「〜にもどる」、いずれの場合でも rentrer のあとには、動詞と国名をつなぐ前置詞が必要なので、定冠詞である選択肢⑤ les では文は成立しません。

得点率は49%でした。

(2)　Il y a (un) bel hôtel dans ce village.「この村にはすてきなホテルがある」

名詞 hôtel につく冠詞が問われています。まず末尾に s がないので、単数名詞であることがわかります。次に名詞の性については、hôtel の前に置かれた形容詞の形に着目します。beau「美しい、きれいな」は名詞の前に置かれる形容詞ですが、母音もしくは無音の h で始まる男性名詞の単数形がうしろにつづく場合には、bel となるのでした（母音もしくは無音の h で始まる名詞でも、男性名詞の単数形以外では変化しません。女性名詞の単数形には belle、男性名詞の複数形には beaux、女性名詞の複数形には belles がつきます）。したがって hôtel は男性名詞の単数形であることがわかります。

男性名詞の単数形を示す冠詞を選択肢からさがすと、不定冠詞⑥ un しかありません。正解は⑥ un です。

得点率は 82%でした。

(3)　Marc adore (les) films japonais.「マルクは日本映画が大好きです」

名詞 films に用いられる冠詞が問題になっています。あとに置かれた形容詞が japonais であり、名詞の末尾に s があるので、男性名詞の複数形であることがわかります。選択肢には複数名詞につく冠詞が 2 つあります。不定冠詞（になりうる）④ des と定冠詞⑤ les です。ここで冠詞の種類の選び方がポイントになります。好き嫌いを表現するときには、その対象を「～というもの」、すなわち種類全体としてとらえ、定冠詞を用いるのが一般的です（定冠詞の総称用法）。J'aime la musique française.「私はフランス音楽が好きだ」（『仏検公式基本語辞典』**aimer**）、J'aime le tennis.「私はテニスが好きです」（『仏検公式基本語辞典』**le, la, les**）といった例があげられます。したがってこの文でも定冠詞を使うことがわかります。正解は⑤ les です。

得点率は 66%でした。

(4)　Tu as (de la) chance !「君は運がいいね」

chance「チャンス、幸運」は抽象名詞で、この文において、定まった一個の形でとらえられないものとして使われているので、部分冠詞がつきます。同様の例として Aie du courage !「元気を出して」（『仏検公式基本語辞典』**courage**）などの文があげられます。正解は③ de la です。

avoir de la chance「運がいい、幸運である」は定型表現として覚えておくとよいでしょう。

得点率は 74%でした。

問題[1]全体の得点率は 68%でした。

解答　(1) ④　　(2) ⑥　　(3) ⑤　　(4) ③

2　**解説**　対話文で用いられる代名詞についての問題です。人称代名詞（直接目的・間接目的・強勢形）のほか、指示代名詞や en、y といった中性代名詞も出題されます。

(1)　— Alice vit en Allemagne ?「アリスはドイツで暮らしているのですか」
— Oui, elle (y) habite depuis longtemps.「はい、ずっと前からそこに住んで

います」

応答文に名詞を用いると Oui, elle habite **en Allemagne** depuis longtemps.「はい、ずっと前からドイツに住んでいます」となります。したがって、場所を表わす前置詞＋国名（場所）に置きかわる中性代名詞 y が入ります。正解は③ y です。

得点率は 74％でした。

(2) — Comment trouvez-vous votre professeur de japonais ?「あなたたちの日本語の先生をどう思う」— Il est gentil mais il (nous) donne beaucoup de devoirs !「やさしいけれど、私たちにたくさん宿題をだすの」

選択肢はすべて間接目的語の人称代名詞です。votre professeur「あなたたちの先生」について問われているので、応答文では、話し手自身の先生すなわち「私たちの先生」が話題になっています。宿題をだされるのはその生徒（学生）である「私たち」です。① leur「彼らに、彼女たちに」、② lui「彼に、彼女に」では対話が成立しません。正解は③ nous です。

得点率は 63％でした。

(3) — Les légumes sont bons dans ce magasin.「この店の野菜はおいしい」— Oui, mais (ceux) de ma grand-mère sont meilleurs.「うん、でもうちの祖母の野菜のほうがおいしいよ」

指示代名詞の問題です。応答文に名詞を用いると Oui, mais **les légumes** de ma grand-mère sont meilleurs. となり、指示代名詞が置きかえるのは les légumes です。複数名詞であり、meilleurs という形容詞の形から、男性名詞であることがわかります（女性名詞の複数形ならば meilleures となるはずです）。つまり指示代名詞の形も複数の男性名詞をうける ceux が入ります。正解は③ ceux です。

なお① celle は単数の女性名詞を、② celui は単数の男性名詞をうけます。さらに複数の女性名詞ならば celles となります。

得点率は 69％でした。

(4) — Pour mon anniversaire, j'ai reçu cette robe.「誕生日にこのワンピースをもらったの」— Elle est jolie ! Tu me (la) prêtes pour samedi ?「すてき。今度の土曜日にはそれを私に貸してくれる？」

直接目的語の人称代名詞の問題です。〈prêter ＋もの＋ à ＋人〉「人にものを貸す」という動詞が使われています。応答文に me「私に」という間接目的語の人称代名詞があるので、貸す対象は「私」です。貸すものは「このワンピース」で、「それ（このワンピース）を」という直接目的語の人称代名詞をさがします。robe は、指示形容詞 cette の形からも、応答文において elle でうけられていることからも、女性名詞の単数形だとわかります。したがって直接目的語の人称代名詞は la となります。選択肢② le は単数男性名詞、③ les は複数名詞に対応します。正解は① la です。

得点率は69％でした。

(5) — Vous connaissez mes parents ?「私の両親と知り合いですか」— Non, pas encore. Présentez-les-(moi).「いいえ、まだです。ご両親を私に紹介してください」

間接目的語の人称代名詞の問題です。présenter A à B「A を B に紹介する」という動詞が命令法で用いられている点がポイントです。この応答文で A にあたるのは、直接目的語の代名詞 les「彼らを」であり、「(あなたの) ご両親」を指しています。応答文の話し手は、「ご両親」とまだ知り合っておらず、紹介を依頼しています。したがって B は「私に」となるので、正解は② moi です。

なお肯定命令文において目的語の人称代名詞は、動詞のうしろに置かれます。人称代名詞を2つ使う場合には、直接目的語‐間接目的語の順番です。さらにうしろに置かれた人称代名詞 me が強勢形 moi となっている点に注意しましょう。Regarde-moi.「私を見て」、Donnez-moi un peu de vin, s'il vous plaît.「私にワインを少しください」（『仏検公式基本語辞典』**moi**）、Montrez-moi les photos de votre voyage.「あなたの旅行の写真を私に見せてください」（『仏検公式基本語辞典』**montrer**）などの例も参考になります。

得点率は69％でした。

問題2全体の得点率は69％でした。

解答　(1) ③　(2) ③　(3) ③　(4) ①　(5) ②

3 **解説** 3つの選択肢から適切な文を選び、対話文を完成する問題です。

(1) **A** が Allô, bonjour. J'ai rendez-vous avec le docteur.「もしもし、こんにちは。（医師の）先生に予約があるのですが」と **B** に話しています。Allô「もしもし」という表現から、医院やクリニックにかけた電話であることがわかります。これに対する **B** の応答として ① Mais, c'est une pharmacie ici !「あら、こちらは薬局ですよ」は可能です。② Quel est votre nom ?「お名前は何ですか」も可能です。③ Qu'est-ce que c'est ?「これは何ですか」は応答として不可能です。**B** の応答に **A** は Oh pardon! Je suis désolé.「あっ失礼。申し訳ありません」と謝っているので、正解は ① Mais, c'est une pharmacie ici ! です。

得点率は70%でした。

(2) **A** が Hier, je suis allée déjeuner avec Martine.「きのう、マルティーヌとランチに行ったの」と言っています。これに対する **B** の応答として、① Elle fait toujours beaucoup de sport ?「あいかわらず彼女はすごくスポーツをしているの？」は可能です。② Quand est-ce qu'elle est revenue de Chine ?「彼女はいつ中国からもどったの」も可能です。③ Viens vite !「はやく来て」は不可能です。**B** の応答に **A** は Il y a trois jours.「三日前だよ」と答えているので、正解は ② Quand est-ce qu'elle est revenue de Chine ? です。

なお il y a... は前置詞句として「（今から）～前に」という意味になる点をおさえておきましょう。

得点率は82%でした。

(3) **A** は Qu'est-ce que tu fais ?「何をしているの」と質問しています。これに対する **B** の応答として、① Je cherche mes lunettes.「めがねをさがしている」は可能です。② Je prépare mes bagages.「荷造りしている」も可能です。③ Je veux bien.「いただきます」は不可能です。**B** の応答に **A** は Elles ne sont pas sous le journal ?「新聞の下にはないの？」とふたたび尋ねていますから、正解は ① Je cherche mes lunettes. です。

lunette「めがね」も bagage「旅行用荷物」も、ふつう複数形で用いられる名詞ですが、bagage は男性名詞なので、**A** の応答文にあるように elles ではうけられません。また Je veux bien. は何かを勧められたときや、何かに誘われたときに「喜んで」とうけ入れる定型表現なので、覚えておきましょう。Vous voulez un peu de café ? — Je veux bien.「コーヒーを少しいかがですか。— いただきます」（『仏検公式基本語辞典』**vouloir**）のように使えます。

得点率は 73％でした。

(**4**)　**A** は Vous avez l'air fatigué.「お疲れのご様子ですね」と言っています。これに対する **B** の応答として、① C'est vrai. J'ai trop de travail ces jours-ci.「そうなんです。このところ仕事が多すぎて」は可能です。③ Pas du tout ! J'ai bien dormi hier soir.「全然。昨晩はよく寝ました」も可能です。② Oui, je suis très heureux.「はい、とても幸せです」は不可能です。**B** の応答に **A** は Il faut vous reposer un peu !「少しは休息をとらないと」と忠告しているので、正解は ① C'est vrai. J'ai trop de travail ces jours-ci. です。

〈avoir l'air ＋形容詞〉は「（人、ものの様子が）～のようだ」という意味になるので、おさえておきましょう。さらに **A** の応答文で〈il faut ＋不定詞〉「～しなければならない」のうしろに代名動詞 se reposer がつづいています。このような場合、再帰代名詞 se はその動詞の動作をおこなう人に一致させます。この対話において休息をとるべきなのは「あなた」なので、vous reposer となっています。

得点率は 60％でした。

問題3全体の得点率は 71％でした。

解答　(1) ①　(2) ②　(3) ①　(4) ①

4

解説　あたえられた日本語の意味になるように、適切な動詞の活用形を選択する問題です。

(**1**)「ありがとうございます」

話している現時点の感謝を伝える発言なので、問題となっているのは現在の事柄を伝える動詞の直説法現在形です。選択肢 ① remerciais は半過去形、選択肢 ② remercie は現在形、選択肢 ③ remercierai は単純未来形です。したがって、正解は ② remercie です。

なお、Je vous remercie. あるいは Je te remercie. は、merci よりも丁寧な

感謝の表現として、このまま覚えておくと便利です。
　得点率は73%でした。

(2) 「おじいちゃんにおやすみを言いなさい」
　「〜しなさい」という命令の表現ですが、フランス語の文にはTuという主語があるので、命令法の文にはなりません。命令を表わすために、直説法単純未来形を使うことができます。単純未来形は未来の事柄を述べるときに使いますが、命令とは未来に関わるものであるので、命令を表わすのにも用いられるのです。一般的に、未来形を使った命令では、命令法を用いたそれよりも語調の強さが和らげられます。選択肢① diras は単純未来形、選択肢② disais は半過去形、選択肢③ dites は vous の現在形です。したがって、正解は① diras です。
　なお、dire「言う」の単純未来形の活用は、〈je dirai、tu diras、il / elle / on dira、nous dirons、vous direz、ils / elles diront〉です。
　得点率は31%でした。

(3) 「その犬に意地悪をしちゃだめだよ」
　「〜してはいけない」という禁止を表わす否定命令が問題になっています。Ne...pas で文が始まるので、être の命令形が必要であることをおさえたら、次に méchants という形容詞の形に注意しましょう。末尾に s がついているので、être の主語が複数であり、複数の人物に呼びかけていることがわかります。したがって必要なのは2人称複数としての vous「君たち」の命令形で、正解は③ soyez です。① sois は2人称単数 tu の命令形で、② sont は命令法ではなく、3人称複数 ils / elles の直説法現在形です。
　vous は単数で丁寧に「あなた」と述べるときに使われるだけではなく、vous が複数集まった「あなたたち」、tu が複数集まった「君たち」としても用いることを、あらためて確認しましょう。
　得点率は35%でした。

(4) 「当時は何を勉強していたのですか」
　à ce moment-là「当時」という副詞句が示す過去のある時点に、継続していた動作を表わす直説法半過去が問題になっています。選択肢の動詞はすべて2人称 vous の活用形ですが、① étudierez は単純未来形、② étudiez は現在形、③ étudiiez が半過去形なので、正解は③ étudiiez です。

étudier のように -ier で終わる動詞は、直説法半過去形の vous の語尾 -iez、nous の語尾 -ions がつくと、vous　étudiiez、nous　étudiions のように i が 2 つ重なるので注意しましょう。

得点率は 38％でした。

(5)「私の母は 2020 年に亡くなりました」

過去において完了した行為が述べられているので、直説法複合過去を用います。使われている動詞は mourir で選択肢はすべて 3 人称単数の活用になっていますが、② meurt は現在形、③ mourra は単純未来形です。① est morte が複合過去形です。正解は ① est morte です。

mourir「死ぬ」の複合過去形は助動詞 être を用い、過去分詞 mort が主語と性数一致しています。être を使う他の動詞（aller, venir, arriver, partir, entrer, sortir, naître など）とあわせておさえておきましょう。

得点率は 84％でした。

問題4全体の得点率は 52％でした。

解答　(1) ②　(2) ①　(3) ③　(4) ③　(5) ①

5　解説　選択肢 ①～④ の語を並べかえて文を完成させる問題です。

(1) 選択肢を見ると、動詞を否定する ① ne と ② pas があるので、この文が否定疑問文になることが予想できます。動詞は ③ plaît であり、〈plaire à + 人〉「～に気に入る」という形をとるので、〈à + 人〉の間接目的語にあたる部分をさがすと、代名詞の ④ te があるので、これを動詞の前に置き、その間接目的語の代名詞 + 動詞のかたまりを ① ne と ② pas ではさむと、Ce pantalon ne te (plaît) pas ?「このズボンは君の気に入らないの？」という文が完成します。正解は ③ plaît です。

得点率は 78％でした。

(2) Elle「彼女」につづく動詞を選択肢からさがすと、courir「走る」を活用させた ① court が見つかります。④ vite「速く」という副詞はこの動詞を説明するものとして、動詞のうしろにくるので、Elle court vite で「彼女は速く走る」という文ができます。さらに② plus と③ que という選択肢から、比較級の文となることが想定できます。比較する対象は文末の son frère「彼女の兄（弟）」だとわかるので、② plus「（〜より）もっと」を④ vite「速く」の前に置き、③ que を son frère の前に置くと、Elle court plus (vite) que son frère.「彼女は彼女の兄（弟）よりも速く走る」という文が完成します。正解は④ vite です。

得点率は57%でした。

(3) Hugo「ユゴー」のあとにくる語は、活用している動詞④ veut 以外ありません。そして Hugo veut につづく可能性があるのは、動詞の不定詞② devenir です。こうして Hugo veut devenir「ユゴーは〜になりたい」ができます。ユゴーがなりたいのは③ médecin「医者」だとわかります。最後に残る選択肢① dans のあとにくる場所を表わす名詞として、cette ville「この町」があり、Hugo veut devenir (médecin) dans cette ville.「ユゴーはこの町で医者になりたい」という文が完成します。正解は③ médecin です。

得点率は80%でした。

(4) 選択肢を見ると、動詞を否定する③ ne と② jamais があるので、「けっして〜ない」という否定文になることが予想できます。次に動詞ですが、残る選択肢が① couche と④ se ですので、se coucher「寝る」という代名動詞であることがわかります。代名動詞を③ ne と② jamais ではさみ、Il ne se (couche) jamais avant minuit.「彼は午前0時前にはけっして寝ない」という文が完成します。正解は① couche です。

得点率は67%でした。

(5) 主語が示されていないので、まずは選択肢から動詞をさがしてみると、④ passez が見つかります。passer「過ごす」の vous の活用形ですが、選択肢に vous は見あたりません。したがって主語のない命令法の文が想定され、残る選択肢① bons、② de、③ moments をながめると、「よいひととき」という表現が予測できますが、ポイントは順番です。bons は名詞の前に置かれる形容詞なので、bons moments となります。最後に残った② de は冠詞です。複数名詞の前に形容詞が置かれた場合、不定冠詞 des は de という形になります。Il y a de belles fleurs.「きれいな花があります」（『仏検公式基本語辞典』**de**）などもその例です。したがって「よいひとときは de bons moments という語順であり、Passez de (bons) moments ensemble !「ごいっしょによいひとときをお過ごしください」という文が完成します。正解は ① bons です。

得点率は 46%でした。

問題5全体の得点率は 66%でした。

解答　（1）③　（2）④　（3）③　（4）①　（5）①

6 **解説** 文意に則し、適切な前置詞を選択する問題です。

(1)　Elles déjeunent (sous) un grand arbre.「彼女たちは大きな木の下で昼食をとります」

選択肢 ① avant は、時間の順序を表わし「〜よりも前に」を意味します。空間の位置関係を表わすのであれば、devant「〜の前に、〜の前を」を用います。ちなみに 3 級以上のレベルに関わりますが、〈avant ＋場所〉「〜の手前で」という表現があり、道順を示すときに用います。たとえば Tournez à droite avant la gare.「駅の手前で右に曲がりなさい」（『仏検公式基本語辞典』**avant**）などがその例です。② entre はうしろに A ＋ B という対になる名詞をともなって、「A と B の間に」という意味になります。③ sous は「〜の下に、下で」を意味します。déjeuner「昼食をとる」と un grand arbre「大きな木」との関係は空間的位置だと予想でき、選択肢のうちで唯一可能であるのは、「大きな木の下で昼食をとる」という意味だとわかります。正解は③ sous です。

得点率は 52%でした。

(2)　Magali est encore (dans) la salle de bain ?「マガリはまだ浴室にいるの？」

選択肢 ① après は avant と対をなし「〜よりもあとに」という時間の順序を表わします。空間の位置関係を示す前置詞は derrière「〜のうしろに」です。〈après ＋場所〉は、移動して進んだその先にあるという意味を表わす場合に使います。L'hôpital est juste après la poste.「病院は郵便局のすぐ先です」（『仏検公式基本語辞典』**après**）がその例です。② chez は〈chez ＋人〉という形で「～の家で、～の店（会社、事務所など）で」を意味します。③ dans にはさまざまな用法がありますが、「広がりのある、限定された空間のなかに」というのが基本的な意味です。〈dans ＋場所〉は「～のなかで」を表わします。設問はマガリのいる場所が問題になっており、la salle de bain「浴室」がつづくので、マガリは浴室内にいるという文が成立します。正解は③ dans です。

得点率は72％でした。

(3) Tu lis ce livre en anglais (sans) dictionnaire !「辞書なしでこの英語の本を読むんだよ」

選択肢① depuis は、〈depuis ＋時間〉で「～からずっと、～以来」、〈depuis ＋場所〉で「～から」を意味します。② sans は〈sans ＋人、もの〉で「～なしに」を表わします。③ vers は〈vers ＋場所〉で「～のほうへ、～に向かって」、〈vers ＋時期〉で「～のころに」を意味します。dictionnaire「辞書」という語がつづくので、「辞書なしで」という表現になるとわかります。正解は② sans です。

なお sans のあとに来る名詞が特定のものでない限り、この設問文のように、うしろにつづく名詞に冠詞はつけません。

得点率は68％でした。

(4) (Parmi) mes copains, Nathalie est la plus intelligente.「私の友だちのなかでは、ナタリーが一番頭がいい」

設問の文が最上級の文である点に注目します。選ぶべき前置詞は、私の友だち「のなかで」という、比較の範囲となる複数の人の集合を示すものであると想定されます。選択肢① À には、前置詞としていくつもの用法がありますが、いずれも「ある一点を指定する」という意味が基本にあるため、いずれの意味でも、この場合の正解にはなりえません。② Parmi は「（3人もしくは3つ以上の人、ものの集まり）の間で、なかで」を意味します。③ Pendant は〈pendant ＋時間、出来事〉で「～の間に」という期間を表わします。したがって正解は② Parmi です。

得点率は35％でした。

問題6全体の得点率は 57%でした。

解答　(1) ③　　(2) ③　　(3) ②　　(4) ②

7　**解説**　フランス語の文(1)〜(6)の内容に対応する場面を 9 つのイラストから選ぶ

(1)　Mehdi conduit une voiture.「メディは車を運転する」

男性がハンドルを握って自動車を運転するイラスト④が正解です。動詞 conduire の直説法現在の活用は〈je conduis、tu conduis、il / elle / on conduit、nous conduisons、vous conduisez、ils / elles conduisent〉です。

得点率は 96%でした。

(2)　Mehdi est dans un parc.「メディは公園にいる」

男性が公園のベンチにこしかけて読書するイラスト②が正解です。動詞 être の直説法現在の活用は〈je suis、tu es、il / elle / on est、nous sommes、vous êtes、ils / elles sont〉です。

得点率は 93%でした。

(3)　Mehdi fait dormir son bébé.「メディは赤ちゃんを寝かしつける」

男性が赤ちゃんを抱っこして寝かしつけるイラスト①が正解です。〈faire ＋不定詞〉で「〜させる」を意味します（使役用法）。dormir「眠る」という動詞の不定詞と son bébé「彼の赤ちゃん」も解答するうえで重要なヒントになります。動詞 faire の直説法現在の活用は〈je fais、tu fais、il / elle / on fait、nous faisons、vous faites、ils / elles font〉です。

得点率は 98%でした。

(4)　Mehdi ne peut pas utiliser son ordinateur.「メディはパソコンを使うことができない」

猫がキーボードに寝そべっており、パソコンの前で男性が困ったというしぐさをしているイラスト⑤が正解です。〈pouvoir ＋不定詞〉「〜できる」を否定するときは、ne...pas で pouvoir をはさみます。動詞 pouvoir の直説法現在の活用は〈je peux、tu peux、il / elle / on peut、nous pouvons、vous pouvez、ils / elles peuvent〉です。

得点率は87%でした。

(5) Mehdi offre des fleurs à sa mère.「メディは母に花を贈る」

男性が女性に花束をさしだすイラスト⑦が正解です。動詞 offrir「贈る」は -ir で終わっていますが、-ir 動詞（第2群規則動詞）のグループには属さず、-er 動詞（第1群規則動詞）の語尾を用います。動詞 ouvrir「あける、開く」なども同じ活用をする仲間です。offrir の直説法現在の活用は〈j'offre、tu offres、il / elle / on offre、nous offrons、vous offrez、ils / elles offrent〉です。

得点率は97%でした。

(6) Mehdi rit beaucoup.「メディは大笑いする」

男性が腹を抱え、片手を広げたしぐさをして笑っているイラスト⑧が正解です。動詞 rire「笑う」の直説法現在の活用は〈je ris、tu ris、il / elle / on rit、nous rions、vous riez、ils / elles rient〉です。

得点率は84%でした。

問題[7]全体の得点率は93%でした。

解答 (1) ④　(2) ②　(3) ①　(4) ⑤　(5) ⑦　(6) ⑧

8

解説 会話文を読み、設問(1)〜(6)の日本語の文が会話の内容に一致するかどうかを判断します。

テオの兄弟ロランは、パリに日本料理のレストランを開店したところです。リリがテオに詳細を尋ねると、ロランは京都で7年間修行し、調理も自ら手がけるとのこと。さらにそのレストランがリリの家からさほど遠くないところにあるとわかり、リリはテオを誘って、そこに出かけることにします。

(1)「ロランはパリに日本料理のレストランを開店した」

Il vient d'ouvrir un petit restaurant japonais à Paris.「ロランはパリに小さな日本料理のレストランを開店したところなんだ」とテオが言っているので、設問文は会話の内容に一致します。正解は①です。

得点率は97%でした。

(2) 「ロランは自分で料理もする」

Il fait la cuisine lui-même ?「ロランは自分で料理もするの？」というリリの質問に、テオは Oui「そうだよ」と答えているので、設問文は会話の内容に一致します。正解は①です。

得点率は 95％でした。

(3) 「ロランは日本で料理を学んだ経験はない」

Oui, il a vécu sept ans à Kyoto pour apprendre la cuisine japonaise.「そうだよ、ロランは日本料理を学ぶために、7 年間京都で暮らしたんだ」とテオが言っているので、設問文は会話の内容に一致しません。正解は②です。

得点率は 98％でした。

(4) 「ロランの店はリリの自宅から遠い」

Il est où, ce restaurant ?「そのレストランは、どこにあるの」というリリの質問に、テオは Pas très loin de chez toi.「君の家からそれほど遠くない」と答えているので、設問文は会話の内容に一致しません。正解は②です。

なおテオの答えは Il n'est pas très loin de chez toi. という文から Il n'est を省略した形で、特に会話ではよく用いられます。loin de...「～から遠くに」と près de...「～の近くに」は対で覚えておきましょう。

得点率は 52％でした。

(5) 「テオとリリがロランの店へ行くのは金曜の夜である」

Si tu veux, on y va ensemble vendredi soir ?「よかったら金曜の夜にロランの店にいっしょに行こうか」というリリの誘いにテオは Pourquoi pas !「いいとも」と答えているので、設問文は会話の内容に一致します。正解は①です。

得点率は 90％でした。

(6) 「テオとリリは 6 時頃にロランの店で待ち合わせをする」

Je passe vers six heures à ton appartement ?「6 時ごろ、君のアパルトマンに寄ろうか」とテオが提案して、リリも D'accord !「わかった」と言っているので、待ち合わせの場所はリリの家であり、設問文は会話の内容に一致しません。正解は②です。

得点率は 91%でした。

問題8全体の得点率は 87%でした。

解答　(1) ①　(2) ①　(3) ②　(4) ②　(5) ①　(6) ②

聞き取り試験

解説・解答

1

(読まれる文)

(1) Ça a l'air bon.
(2) Ce n'est pas grave.
(3) N'oublie pas ton parapluie !
(4) Quelle belle musique !

解説 フランス語の文を聞き取り、その内容にふさわしい場面を6つのイラストから選ぶ問題です。

(1) Ça a l'air bon.「おいしそう」

男性がケーキなどの並ぶショーケースをのぞきこんで、嬉しそうに発言するイラスト④が正解です。〈avoir l'air + 形容詞〉「(人、ものの様子が) ～のようだ」に形容詞 bon がつづいています。bon には「よい、すぐれた、正しい」などさまざまな語義がありますが、この場合は「おいしい」という意味で使われています。

得点率は53%でした。

(2) Ce n'est pas grave.「たいしたことではないよ」

割れたコップを前に、しょんぼりした男の子に肩に手をやり、励ましている男性のイラスト②が正解です。Ce n'est pas grave. は、何かを謝罪されたり、問題となる事態を告げられたり想定したりしたときに、それが重大なことではないと伝えるために使われます。

得点率は72%でした。

(3) N’oublie pas ton parapluie.「傘を忘れないで」

出て行こうとする女性に対して、男性が傘を指さしながら呼びかけるイラスト③が正解です。N’oublie pas [nublipɑ ヌブリパ]「忘れないで」という動詞 oublier「忘れる」の否定命令はもちろん、parapluie [paraplɥi パらプリュイ]「傘」という語を聞き取るのがポイントになります。

得点率は 68%でした。

(4) Quelle belle musique !「なんて美しい音楽だろう」

男性がバイオリンの音色に聞き入るイラスト⑤が正解です。〈quel / quelle / quels / quelles ＋名詞〉で「なんという〜でしょう」という感嘆文を作ることができます。

得点率は 97%でした。

問題1全体の得点率は 73%でした。

解答　(1) ④　(2) ②　(3) ③　(4) ⑤

2

(読まれる質問)

(1) Tu es contente ?
(2) Vous êtes combien ?
(3) Qui fait les courses chez vous ?
(4) On part quand ?

解説 フランス語の質問を聞き取り、適切な応答を 2 つの選択肢から選びます。

(1) Tu es contente ?「満足？」

この質問に対する応答は、② Oui, très.「うん、とても」が正解です。① Je vous en prie.「どうぞ、どういたしまして」は質問に対応していません。②の文は Oui, je suis très contente. という文が省略された形です。

得点率は82%でした。

(2) Vous êtes combien ?「何名様ですか」

この質問に対する応答文は、② Six.「6名です」が正解です。Nous sommes six (personnes). という文が省略された形です。

① Le premier août.「8月1日です」は質問に対応していません。①が正解ならば、たとえばNous sommes le combien ?「きょうは何日ですか」(『仏検公式基本語辞典』**combien**) といった日付を尋ねる質問文であるはずです。なお日付は〈le＋数字＋月〉で表わしますが、朔日《ついたち》のみpremierを用いる点もおさえておきましょう。

得点率は81%でした。

(3) Qui fait les courses chez vous ?「お宅ではだれが買い物をするのですか」

この質問に対する応答文は、② C'est mon père.「父です」が正解です。Qui「だれが」を聞き取るのがポイントです。① Au supermarché.「スーパーマーケットで」が正解になるには、Où faites-vous les courses ?「どこで買い物をしますか」といった、場所を尋ねる質問文でなければなりません。

得点率は88%でした。

(4) On part quand ?「いつ出発しようか」

この質問に対する応答文は、① À midi「正午に」が正解です。② Le mois dernier.「先月」は質問に対応していません。いずれもquand「いつ」という時間に関する質問文に答えているようですが、動詞の時制に注意が必要です。質問の動詞は現在形で、ここでは確実な未来を問うています。② Le mois dernier.「先月」では過去の話になってしまうので、答えにはなりえません。

得点率は74%でした。

問題2全体の得点率は81%でした。

解答 (1) ② (2) ② (3) ② (4) ①

3

（読まれる文）

(1) Ça fait soixante-sept euros.

(2) Je viens d'avoir trente-neuf ans.

(3) Il y a quarante-quatre élèves dans la classe.

(4) Regardez la page quatre-vingt-onze, s'il vous plaît.

解説 フランス語の文にふくまれる数を聞き取る問題です。

(1) Ça fait soixante-sept euros.「67ユーロになります」

67が正解です。67 soixante-sept は [swasɑ̃tsɛt ソワサントセット] と発音します。次に母音で始まる euros がつづくので、sept の語尾の子音 [t ト] と euros [øro ウろ] の語頭の [ø ウ] がひとつの音 [tø トゥ] となり、soixante-sept euros は [swasɑ̃tsɛtøro ソワサントセットゥろ] と発音されます。

得点率は80%でした。

(2) Je viens d'avoir trente-neuf ans.「私は39歳になったばかりです」

39が正解です。39 trente-neuf は [trɑ̃tnœf トらントヌフ] と発音されます。ここでは neuf と ans が、[nœvɑ̃ ヌヴァン] とひとまとまりに発音されます。このように neuf はうしろに ans または heures がつづく場合にのみ、[nœvɑ̃ ヌヴァン]、[nœvœːr ヌヴーる] と発音し、語尾の [f フ] が [v ヴ] に変わります。

得点率は72%でした。

(3) Il y a quarante-quatre élèves dans la classe.「このクラスには44名の生徒がいます」

44が正解です。quarante-quatre élèves は、ここでは [karɑ̃tkatr elɛv カらントカトる エレヴ] と、2つの語の間にややポーズをおいて明確に発音されています。élève は母音で始まる名詞ですから、ポーズがなければ quatre と élèves を [katrelɛv カトれレヴ] とひとつづきに発音する点もおさえておきましょう。

得点率は84%でした。

(4) Regardez la page quatre-vingt-onze, s'il vous plaît.「91ページを見てください」

91が正解です。91　quatre-vingt-onze は [katrəvɛ̃ɔ̃:z カトるヴァンオーンズ] と発音されます。81から99までの数字は、quatre-vingt に1から19までの数字をそれぞれうしろにつけて言います。

得点率は75%でした。

問題3全体の得点率は78%でした。

解答　(1) 67　　(2) 39　　(3) 44　　(4) 91

4

(読まれる会話)

La mère : Romain, réveille-toi !

Romain : Laisse-moi dormir ! C'est dimanche, maman.

La mère : Oui, mais aujourd'hui, on a invité Marie à déjeuner.

Romain : Ah oui ! Oh là là ! Elle arrive quand ?

La mère : Dans une heure. Papa va la chercher à la gare.

Romain : J'y vais avec lui ?

La mère : Oui. Vous pouvez passer à la boulangerie pour prendre deux baguettes ?

Romain : Pas de problème !

解説 会話文を聞き取り、日本語の文(1)〜(5)がその内容に一致するかどうかを判断する問題です。母親と息子ロマンが話しています。

(1)「きょうは土曜日である」

ロマンが C'est dimanche, maman.「ママ、きょうは日曜日だよ」といい、母親がOui「そうね」と答えているので、設問文は会話の内容に一致しません。正解は②です。土曜日ならばsamediになるはずです。

得点率は80%でした。

(**2**) 「マリーは昼食に招待されている」

母親がOui, mais aujourd'hui, on a invité Marie à déjeuner.「そうね、でもきょうはマリーを昼食に招待したのよ」と言い、ロマンもAh oui !「ああ、そうだ」と答えているので、設問文は会話の内容に一致します。正解は①です。

得点率は86%でした。

(**3**) 「マリーは1時間後に着く」

ロマンのElle arrive quand ?「彼女（マリー）はいつ着くの」という質問に、母親がDans une heure.「1時間後」と答えていますから、設問文は会話の内容に一致します。正解は①です。

なお〈dans +時間数〉で「（いまから）～後に」を意味します。dans [dɑ̃ ダン] のうしろに母音がつづくと語末のsが [z ズ] と発音されるので、dans une heure は [dɑ̃zynœːr ダンズユヌーる] となります。

得点率は59%でした。

(**4**) 「父親はマリーを駅まで迎えに行く」

Papa va la chercher à la gare.「パパが彼女（マリー）を駅に迎えに行くのよ」と母親が言っているので、設問文は会話の内容に一致します。正解は①です。

なおaller chercher... は「～を迎えに行く」という意味で、目的語を代名詞にするときは、不定詞chercherの直前に置く点にも注意しましょう。

得点率は90%でした。

(**5**) 「母親はロマンにケーキを買ってくるよう頼む」

Vous pouvez passer à la boulangerie pour prendre deux baguettes ?「パン屋に寄って、バゲットを2本買ってきてくれる？」と母親が頼んでいるので、設問文は会話の内容に一致しません。正解は②です。

得点率は86%でした。

問題4全体の得点率は80%でした。

解答　(1) ②　(2) ①　(3) ①　(4) ①　(5) ②

配点表

問題番号	筆記試験	1	2	3	4	5	6	7	8	小計	聞き取り	1	2	3	4	小計	合計
点		8	10	8	10	10	8	6	6	66		8	8	8	10	34	100

5級

5 級の内容と程度

程 度

初歩的な日常的フランス語を理解し、読み、聞き、書くことができる。

標準学習時間：50 時間（大学で週 1 回の授業なら 1 年間、週 2 回の授業なら半年間の学習に相当）。

試験内容

読　む	初歩的な単文の構成と文意の理解、短い初歩的な対話の理解。
聞　く	初歩的な文の聞き分け、あいさつ等日常的な応答表現の理解、数の聞き取り。
文法知識	初歩的な日常表現の単文を構成するのに必要な文法的知識。動詞としては、直説法現在、近接未来、近接過去、命令法の範囲内。

語彙：約 560 語

試験形式

1 次試験のみ（100 点）

筆　記	問題数 7 問、配点 60 点。試験時間 30 分。マークシート方式。
聞き取り	問題数 4 問、配点 40 点。試験時間 15 分。マークシート方式。

5級の傾向と対策

5級では、合格の基準を「初歩的な日常的フランス語を理解し、読み、聞き、書くことができる」と定めています。試験は筆記試験と聞き取り試験からなり、解答の方法は各問とも選択肢から番号で解答を選ぶマークシート方式です（聞き取り試験[2]番では、聞き取った数に対応するマークシートの番号を解答）。

筆記試験・聞き取り試験の構成は次のとおりです。

筆記試験：7問／配点60点／試験時間30分
聞き取り試験：4問／配点40点／試験時間約15分

5級の受験の目安となる標準学習時間は50時間程度です。これを大学の授業にあてはめると、週1回の授業では1年間、週2回の授業では半年程度の学習に相当します。

出題の内容は、「日常使われる基礎的な文を構成するのに必要な文法知識」を問うもので、動詞の法・時制では、**近接未来・近接過去**をふくむ**直説法現在**と**命令法**が5級の出題の範囲になります。人称代名詞は主語と強勢形に限られ、目的語としての用法は出題されません。このほか形容詞と名詞・代名詞の性・数の一致や否定文、疑問文、語順などに関する基本的な知識が問われます。

「読む」内容については、日常的な表現や応答文、初歩的な会話文についてその内容を読み取る力が、「聞く」内容については、同じく簡単な応答文や日常的な表現を用いた短文を聞いて、その内容を把握する力が問われます。また、1〜20までの数の聞き取りがあります。

5級で出題される語彙の範囲は、『仏検公式基本語辞典 3級・4級・5級 新訂版』（フランス語教育振興協会編、朝日出版社、2020）*で第1レベル「5級に属する語」として示されている560語が基準になります。

＊本文中では『仏検公式基本語辞典』と略し、例文を引用する際には辞典の見出し語を併記しています。

以下に、2022年度春季・秋季の問題冊子と解説・解答を掲載しています。実際のテストのつもりで解いてみましょう。また問題別の配点一覧が各季の「解答・解説」の最後にかかげてありますから、解答を確認して自己採点してみてください。

発音の仮名表記については以下のようにしてあります。

1. 注意すべき個別の発音表記は、→の右の [　] のとおりです。
   [b] → [b ブ]
   [v] → [v ヴ]
   [l] → [l ル]
   [r] → [r る]
   [ɔ̃] → [ɔ̃ オン]
2. リエゾンやアンシェヌマンがおきるところは下線が引かれています。
   trois heures [trwɑzœːr トろワズーる]
   douze heures [duzœːr ドゥズーる]

2022年度　秋季　実用フランス語技能検定試験（5級）　解答用紙

会　場　名

氏　名

会場コード

⓪	⓪	⓪	⓪	⓪	⓪
①	①	①	①	①	①
②	②	②	②	②	②
③	③	③	③	③	③
④	④	④	④	④	④
⑤	⑤	⑤	⑤	⑤	⑤
⑥	⑥	⑥	⑥	⑥	⑥
⑦	⑦	⑦	⑦	⑦	⑦
⑧	⑧	⑧	⑧	⑧	⑧
⑨	⑨	⑨	⑨	⑨	⑨

受験番号

⓪	⓪	⓪	⓪	⓪	⓪	⓪	⓪
①	①	①	①	①	①	①	①
②	②	②	②	②	②	②	②
③	③	③	③	③	③	③	③
④	④	④	④	④	④	④	④
⑤	⑤	⑤	⑤	⑤	⑤	⑤	⑤
⑥	⑥	⑥	⑥	⑥	⑥	⑥	⑥
⑦	⑦	⑦	⑦	⑦	⑦	⑦	⑦
⑧	⑧	⑧	⑧	⑧	⑧	⑧	⑧
⑨	⑨	⑨	⑨	⑨	⑨	⑨	⑨

マークについての注意事項

1. マークはかならずHBまたはBの黒鉛筆（シャープペンシル可）で◯の中を**正確に塗りつぶしてください**（下記マーク例参照）。ボールペンや万年筆等でマークした解答は機械による読み取りの対象とならないため、採点されません。
2. 訂正の場合は、プラスチック製消しゴムできれいに消してください。
3. **解答用紙を折り曲げたり、破ったり、汚したりしないでください。**

マーク例

良い例	悪い例
●	

筆記

1

解答番号	解答欄
(1)	① ② ③
(2)	① ② ③
(3)	① ② ③
(4)	① ② ③
(5)	① ② ③

2

解答番号	解答欄
(1)	① ② ③
(2)	① ② ③
(3)	① ② ③
(4)	① ② ③
(5)	① ② ③

3

解答番号	解答欄
(1)	① ② ③
(2)	① ② ③
(3)	① ② ③
(4)	① ② ③

4

解答番号	解答欄
(1)	① ②
(2)	① ②
(3)	① ②
(4)	① ②

5

解答番号	解答欄
(1)	① ② ③
(2)	① ② ③
(3)	① ② ③
(4)	① ② ③

6

解答番号	解答欄
(1)	① ②
(2)	① ②
(3)	① ②
(4)	① ②

7

解答番号	解答欄
(1)	① ② ③
(2)	① ② ③
(3)	① ② ③
(4)	① ② ③

聞き取り

1

解答番号	解答欄
(1)	① ②
(2)	① ②
(3)	① ②
(4)	① ②
(5)	① ②

2

解答番号	解答欄
(1)	⓪ ① ② ③ ④ ⑤ ⑥ ⑦ ⑧ ⑨
	⓪ ① ② ③ ④ ⑤ ⑥ ⑦ ⑧ ⑨
(2)	⓪ ① ② ③ ④ ⑤ ⑥ ⑦ ⑧ ⑨
	⓪ ① ② ③ ④ ⑤ ⑥ ⑦ ⑧ ⑨
(3)	⓪ ① ② ③ ④ ⑤ ⑥ ⑦ ⑧ ⑨
	⓪ ① ② ③ ④ ⑤ ⑥ ⑦ ⑧ ⑨
(4)	⓪ ① ② ③ ④ ⑤ ⑥ ⑦ ⑧ ⑨
	⓪ ① ② ③ ④ ⑤ ⑥ ⑦ ⑧ ⑨
(5)	⓪ ① ② ③ ④ ⑤ ⑥ ⑦ ⑧ ⑨
	⓪ ① ② ③ ④ ⑤ ⑥ ⑦ ⑧ ⑨

3

解答番号	解答欄
(1)	① ② ③ ④ ⑤
(2)	① ② ③ ④ ⑤
(3)	① ② ③ ④ ⑤
(4)	① ② ③ ④ ⑤
(5)	① ② ③ ④ ⑤

4

解答番号	解答欄
(1)	① ②
(2)	① ②
(3)	① ②
(4)	① ②
(5)	① ②

2022年度春季
実用フランス語技能検定試験
試験問題冊子　〈5級〉

問題冊子は試験開始の合図があるまで開いてはいけません。

筆記試験	10時20分～10時50分 (休憩なし)
聞き取り試験	10時50分から約15分間

◇問題冊子は表紙を含め16ページ、筆記試験が7問題、聞き取り試験が4問題です。

注　意　事　項

1　途中退出はいっさい認めません。

2　筆記用具は**HBまたはBの黒鉛筆**(シャープペンシルも可)を用いてください。ボールペンや万年筆等でマークした解答は機械による読み取りの対象とならないため、採点されません。

3　解答用紙の所定欄に、**受験番号**と**カナ氏名**が印刷されていますから、まちがいがないか、**確認**してください。

4　**解答は、解答用紙の解答欄にマークしてください。**たとえば、1の(1)に対して③と解答する場合は、次の例のように解答欄の③にマークしてください。

例　**1**

解答番号	解　答　欄
(1)	①　②　●

5　解答に関係のないことを書いた答案は無効にすることがあります。

6　解答用紙を折り曲げたり、破ったり、汚したりしないように注意してください。

7　問題内容に関する質問はいっさい受けつけません。

8　不正行為者はただちに退場、それ以降および来季以後の受験資格を失うことになります。

9　**携帯電話等の電子機器の電源はかならず切って、かばん等にしまってください。**通信機能のある時計は使用を禁じます。

10　**時計のアラームは使用しないでください。**

11　この試験問題の複製(コピー)を禁じます。また、この試験問題の一部または全部を当協会の許可なく他に伝えたり、漏えいしたりすることを禁じます(インターネットや携帯サイト等に掲載することも含みます)。

筆記試験終了後、休憩なしに聞き取り試験にうつります。

1 　次の (1) ～ (5) の (　　) 内に入れるのにもっとも適切なものを、それぞれ ① ～ ③ のなかから 1 つずつ選び、解答欄のその番号にマークしてください。(配点　10)

(1) Anaïs mange (　　) fromage tous les jours.

① de　　② des　　③ du

(2) C'est (　　) premier jour de l'été.

① la　　② le　　③ les

(3) Je veux (　　) tomate verte.

① des　　② un　　③ une

(4) Tu vas au cinéma avec (　　) amie ?

① ta　　② tes　　③ ton

(5) Vous voyez (　　) petit poisson ?

① ce　　② ces　　③ cette

(解説・解答 ▶ p.196)

2　次の (1) ～ (5) の（　　）内に入れるのにもっとも適切なものを、それぞれ ① ～ ③ のなかから 1 つずつ選び、解答欄のその番号にマークしてください。（配点　10）

(1)　Ils (　　) deux enfants.

① a　　② ai　　③ ont

(2)　J'(　　) monsieur Dupontel demain.

① appelle　　② appelles　　③ appelons

(3)　Nous (　　) la musique.

① apprend　　② apprennent　　③ apprenons

(4)　Vite, (　　) dans la voiture !

① monte　　② montent　　③ montes

(5)　Vous (　　) la nouvelle ?

① sais　　② savez　　③ savons

（解説・解答 ▶ p.198）

3　例にならい、次の (1) ～ (4) において、それぞれ ① ～ ③ をすべて用いて、あたえられた日本語に対応する文を完成したときに、(　　) 内に入るのはどれですか。① ～ ③ のなかから 1 つずつ選び、解答欄のその番号にマークしてください。なお、① ～ ③ では、文頭にくるものも小文字にしてあります。(配点　8)

例：東京に友だちがいるの？

Tu ______ (______) ______ à Tokyo ?

① amis　　② as　　③ des

Tu __as__ (__des__) __amis__ à Tokyo ?
　　 ②　　　 ③　　　 ①

となり、② ③ ① の順なので、(　　) 内に入るのは ③。

(1)　アレクシは美しい目をしている。

Alexis a _____ (_____) _____ .

① beaux　　② de　　③ yeux

(2)　車に気をつけて。

_____ (_____) _____ voitures.

① attention　　② aux　　③ fais

(3)　何時ですか。

Il _____ (_____) _____ ?

① est　　② heure　　③ quelle

(4)　ニコラは何もわかっていない。

Nicolas _____ (_____) _____ .

① comprend　　② ne　　③ rien

(解説・解答 ▶ p.200)

4

次の (1) ～ (4) に対する応答として適切なものを、それぞれ ①、② から選び、解答欄のその番号にマークしてください。(配点　8)

(1) C'est loin, la gare ?

① Non, dix minutes à pied.
② Oui, très longtemps.

(2) D'où vient-elle ?

① À la campagne.
② D'un pays d'Europe.

(3) Est-ce que vous avez chaud ?

① Oui. Je peux ouvrir la fenêtre ?
② Oui. Je regarde la télé.

(4) Tu ne prends pas ton petit déjeuner ?

① Oui, je n'ai pas faim.
② Si, j'ai très faim.

(解説・解答 ▶ p.203)

5　次の (1) ～ (4) において、日本語で示した**特徴を持たない語**を、それぞれ ① ～ ③ のなかから 1 つずつ選び、解答欄のその番号にマークしてください。(配点　8)

(1)　位置

① derrière　② sous　③ tard

(2)　感情

① content　② facile　③ triste

(3)　国名

① Chine　② Corée　③ Lyon

(4)　自然

① arbre　② montagne　③ vélo

（解説・解答 ▶ p.204）

6 次の (1) ～ (4) の絵に対応する文を、それぞれ ①、② から選び、解答欄のその番号にマークしてください。(配点 8)

(1)

① Elle a mal au bras.

② Elle a mal au pied.

(2)

① Il achète des journaux.

② Il vend des journaux.

(3)

① Il n'y a personne.

② Il y a trop de monde.

(4)

① Les enfants jouent dans la maison.

② Les enfants jouent devant la maison.

(解説・解答 ▶ p.206)

7 次の会話を読み、(1)～(4)に入れるのにもっとも適切なものを、それぞれ ① ～ ③ のなかから 1 つずつ選び、解答欄のその番号にマークしてください。(配点 8)

Jessica : Tu peux venir (1) moi samedi midi ?
Geneviève : Non, samedi, je fais du tennis avec des amis.
Jessica : Et dimanche ?
Geneviève : Ce n'est pas possible (2) je vais visiter un musée.
Jessica : Alors, quand est-ce que tu es (3) ?
Geneviève : Mercredi matin. J'(4) à neuf heures, ça va ?
Jessica : Très bien, à mercredi !

(1) ① chez　② dans　③ sur
(2) ① maintenant　② mais　③ parce que
(3) ① fatiguée　② libre　③ riche
(4) ① arrive　② entre　③ habite

(解説・解答 ▶ p.207)

聞き取り試験問題

聞き取り試験時間は、 10時50分から約15分間

注意事項

1　聞き取り試験は、CD・テープでおこないますので、CD・テープの指示にしたがってください。

2　解答はすべて筆記試験と同じ解答用紙の解答欄に、**HBまたはBの黒鉛筆**（シャープペンシルも可）でマークしてください。ボールペンや万年筆等でマークした解答は機械による読み取りの対象とならないため、採点されません。

1

• フランス語の文 (1) ～ (5) を、それぞれ3回ずつ聞いてください。
• (1) ～ (5) の文に対する応答として適切なものを、それぞれ ①、② から選び、解答欄のその番号にマークしてください。
(メモは自由にとってかまいません) (配点　10)

[音声を聞く順番] ㉝ → ㉞

(1) ① À la poste.
② Vendredi matin.

(2) ① Avec madame et monsieur Duval.
② Des amis.

(3) ① Elle est belle.
② Elle vient en train.

(4) ① Non, qui est-ce ?
② Oui, assez.

(5) ① Pas beaucoup.
② Pas très difficile.

(解説・解答 ▶ p.209)

2

• フランス語の文 (1) ～ (5) を、それぞれ3回ずつ聞いてください。
• どの文にもかならず数が含まれています。例にならって、その数を解答欄にマークしてください。
（メモは自由にとってかまいません）（配点　10）

［音声を聞く順番］ ㉟→㊱

(例)

•「7」と解答したい場合には、

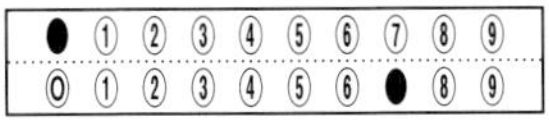

とマークしてください。

•「15」と解答したい場合には、

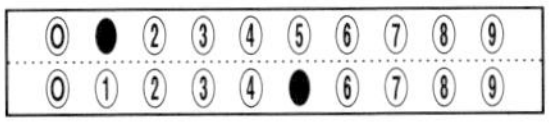

とマークしてください。

(1)

(2)

(3)

(4)

(5)

（解説・解答 ▶ p.211）

3

• フランス語の文 (1) ～ (5) を、それぞれ 3 回ずつ聞いてください。
• それぞれの文にもっともふさわしい絵を、下の ① ～ ⑤ のなかから 1 つずつ選び、解答欄のその番号にマークしてください。ただし、同じものを複数回用いることはできません。
(メモは自由にとってかまいません)(配点　10)

[音声を聞く順番] ㊲ → ㊳

(1)

(2)

(3)

(4)

(5)

①

②

③

④

⑤

(解説・解答 ▶ p.213)

4

- フランス語の文 (1) ～ (5) を、それぞれ 3 回ずつ聞いてください。
- (1) ～ (5) の文にふさわしい絵を、それぞれ ①、② から選び、解答欄のその番号にマークしてください。

（メモは自由にとってかまいません）（配点　10）

［ 音声を聞く順番 ］　㊴ → ㊵

(1)

①

②

(2)

①

②

(3)

①

②

(4)

①

②

(5)

①

②

（解説・解答 ▶ p.215）

2022年度春季5級

今季の出願者1,353名のうち受験者は1,255名。合格者は1,011名で、実受験者に対する合格率は81%でした。合格率は、2021年度秋季86%、2021年度春季89%、2020年度秋季85%でした。今回はやや低下しているかにも見えますが、長いスパンでとらえるならば、おおむね安定しているといえるでしょう。

平均得点率は、筆記試験が75%、聞き取り試験が69%、全体では73%でした。全体の平均得点率についても、2021年度秋季76%、2021年度春季79%、2020年度秋季76%ですから、それほど大きな変化はありません。

出題内容のあらまし

[筆記]

1 冠詞、指示形容詞、所有形容詞（穴うめ・選択）
2 動詞活用（穴うめ・選択）
3 語順（語句の並べかえによる仏文完成・選択）
4 応答文（仏文選択）
5 語彙（選択）
6 対になる表現・語句（絵の内容に対応する仏文選択）
7 会話文（穴うめ・選択）

[聞き取り]

1 応答文（仏文選択）
2 数（マーク式による記入）
3 短文（仏文に対応する絵の選択）
4 男性・女性、単数・複数、肯定・否定の区別（仏文に対応する絵の選択）

筆記試験

解説・解答

1 **解説** 名詞と結びつく冠詞（不定冠詞、定冠詞、部分冠詞）と指示形容詞、所有形容詞に関する問題です。

(1) Anaïs mange (du) fromage tous les jours.「アナイスは毎日チーズを食べます」

選択肢① de は、直接目的語の前についた不定冠詞や部分冠詞が否定文になったときに用いられます。② des は複数の名詞につく不定冠詞、③ du は単数の男性名詞につく部分冠詞です。なお、使われている動詞 mange の不定詞は manger「食べる」です。

さて、「チーズを食べる」というときの「チーズ」は、実際に食べる一定量のチーズを指しています。このような場合には部分冠詞がつきます。fromage「チーズ」は男性単数形なので、それにつく部分冠詞は du です。したがって正解は、③ du となります。

部分冠詞は数えられない名詞（単数）につくので、複数形はありません。女性名詞の前では de la となり、Je mange de la viande.「私は肉を食べる」のように用います。また、男性名詞であれ女性名詞であれ、母音で始まる名詞の前では de l' の形になります。たとえば、Tu as de l'argent ?「お金持ってる？」（argent は男性名詞）、Je bois de l'eau.「私は水を飲む」（eau は女性名詞）のようになります。

得点率は66%でした。

(2) C'est (le) premier jour de l'été.「きょうは夏の始まり（←最初）の日です」

選択肢はすべて定冠詞です。① la は子音で始まる単数の女性名詞に対して、② le は子音で始まる単数の男性名詞に対して用います。③ les は男性、女性にかかわらず複数の名詞に対して用います。なお、選択肢にはありませんが、男性名詞であれ女性名詞であれ、母音もしくは無音の h で始まる単数名詞の前では、定冠詞はl’となり次の語とつながります。本問題文のl’été「夏」がその例です。これは、エリジョン（母音字省略）と呼ばれる現象です。

さて、jour「日」の前についている形容詞premier「最初の」の形からも、jourが単数の男性名詞であることがわかります。もしjourが女性名詞なら、形容詞は女性形のpremièreになるはずです。単数の男性名詞につく定冠詞はleですから、正解は②leになります。

本問では、名詞の前に形容詞premierがきています。premierは子音で始まる男性単数形なので、その前につく定冠詞はleになります。ただし、名詞の前に置かれる形容詞が単数形で、しかも母音で始まっているときには、それにつく定冠詞はl’となりますので、注意しましょう（例：l’autre jour「先日」）。

得点率は76％でした。

(3)　Je veux (une) tomate verte.「私は熟していないトマトが1つほしい」

選択肢はすべて不定冠詞です。①desは男性、女性にかかわらず複数の名詞に対して、②unは単数の男性名詞に対して、③uneは単数の女性名詞に対して、それぞれ用います。なお、使われている動詞veuxの不定詞はvouloir「～がほしい」です。

さて、名詞tomate「トマト」のあとに置かれた形容詞verte「緑の、熟していない」は、語尾に女性であることを示すeがついていることから、女性単数形であることがわかります（男性単数形はvert）。そこからtomateが単数の女性名詞だと判断できます。したがって、単数の女性名詞につく不定冠詞のuneが空欄に入ります。正解は③uneです。

得点率は83％でした。

(4)　Tu vas au cinéma avec (ton) amie ?「君は君の恋人といっしょに映画に行くの？」

選択肢はすべて、「君の、あなたの」を意味する所有形容詞です。①taのあとには子音で始まる単数の女性名詞がきます。②tesのあとには男性、女性にかかわらず複数の名詞がきます。③tonのあとには、単数の男性名詞か母音で始まる単数の女性名詞がきます。なお、使われている動詞vasの不定詞はaller「行く」です。またauは、前置詞à「～に」と定冠詞leの縮約形です。

さて、空欄の次の amie「恋人」は、語尾に e がついていることから、女性の「恋人」であることがわかります。ただし、この amie は女性名詞ではあっても母音で始まっています。したがって、所有形容詞は ta ではなく ton になります。正解は③ ton です。

なお、ami や amie は本来「友人」の意味ですが、これに所有形容詞がつくと、一般に特別な関係の友人、つまり「恋人」を指すことになります。ふつうの友人の場合は、un ami、une amie のように不定冠詞をつけます。

得点率は 53%でした。

(5) Vous voyez (ce) petit poisson ?「あの小さな魚が見えますか」

選択肢はすべて「この、あの、その」を意味する指示形容詞です。① ce は子音で始まる単数の男性名詞に対して、② ces は男性、女性にかかわらず複数の名詞に対して、③ cette は単数の女性名詞に対して、それぞれ用います。また、母音で始まる単数の男性名詞には cet を用います。なお、使われている動詞 voyez の不定詞は voir「見る、見える」です。

さて、名詞 poisson「魚」の前には「小さい」という意味の形容詞 petit がついています。この petit には女性を表わす e も複数を示す s もついていないので、男性単数形です。したがって petit が修飾する poisson も単数の男性名詞であることがわかります。正解は① ce です。

もし空欄に続く語が petits poissons「小さな魚たち」であれば **ces** petits poissons、petite fille「小さな女の子」であれば **cette** petite fille となります。

得点率は 82%でした。

問題[1]全体の得点率は 72%でした。

解答　(1) ③　(2) ②　(3) ③　(4) ③　(5) ①

2 解説 基本的な動詞の活用についての問題です。

(1) Ils (ont) deux enfants.「彼らには子どもが 2 人います（←彼らは 2 人の子どもを持っている）」

問われている動詞は、avoir「持つ」です。その現在形は〈j'ai、tu as、il / elle a、nous avons、vous avez、ils / elles ont〉と活用します。正解は③ ont

です。avoir は être「～である」とともに、使用頻度が非常に高く、とても重要な動詞です。活用は不規則ですが、確実に覚えるようにしましょう。

得点率は91%でした。

(**2**)　J’(appelle) monsieur Dupontel demain.「私は、あしたデュポンテルさんに電話をします」

問われている動詞は、appeler「呼ぶ、電話する」です。その現在形は〈j’appe**ll**e、tu appe**ll**es、il / elle appe**ll**e、nous appe**l**ons、vous appe**l**ez、ils / elles appe**ll**ent〉と活用します。正解は① appelle です。不定詞と nous、vous の活用形の語幹は appel ですが、それ以外の人称の活用形では、語幹は l を重ねて appell となるので注意しましょう。

得点率は89%でした。

(**3**)　Nous (apprenons) la musique.「私たちは音楽を学んでいます」

問われている動詞は apprendre「学ぶ」です。apprendre はもともと prendre「とる、食べる、乗る」から作られた動詞であるため、その活用も prendre と同じパターンになります。その現在形は〈j’appren**d**s、tu appren**d**s、il / elle appren**d**、nous apprenons、vous apprenez、ils / elles apprennent〉と活用します。単数人称の活用形の語幹は apprend ですが、複数人称の活用形の語幹は appren となります。複数人称の語幹で **d** が消えることに注意しましょう。正解は③ apprenons になります。

この apprendre と同じ型の活用をする動詞として、やはり prendre に由来する comprendre「理解する」があります。なお、attendre「待つ」や entendre「聞こえる」も不定詞の語尾は -dre ですが、prendre とは異なる活用をするので注意が必要です。

得点率は93%でした。

(**4**)　Vite, (monte) dans la voiture !「早く、車に乗って」

このフランス語文には主語がないことから、命令文だとわかります。文頭の vite は「早く」という意味の副詞です。問われているのは、動詞 monter「(高いところに) 登る、(乗りものなどに) 乗りこむ」の命令形です。monter など、不定詞の語尾が -er で終わる規則動詞の命令形は、現在時制の人称変化から作ります。tu に対しては monte (← tu **monte**s)「乗りなさい」、nous

に対しては montons（← nous **montons**）「乗りましょう」、vous に対しては montez（← vous **montez**）「乗ってください、乗りなさい」となります。nous と vous に対する命令形は、現在時制の人称変化から主語の nous、vous を取るだけでよいのですが、tu に対する命令形は、**tu** montes の主語 **tu** とともに、montes の語尾の **s** も取って、monte としなければなりません。

さて、選択肢のなかで命令形は ① monte しかありません。② montent は 3 人称複数の現在形 (ils / elles montent)、③ montes は 2 人称単数の現在形 (tu montes) です。正解は ① monte になります。

得点率は 52%でした。

(5) Vous (savez) la nouvelle ?「あのニュースを知っていますか」

動詞 savoir「知っている」が問われています。その現在形は〈je sais、tu sais、il / elle sait、nous sa**v**ons、vous sa**v**ez、ils / elles sa**v**ent〉と活用します。正解は ② savez です。不定詞 savoir の語幹 **sav** の最後の文字 **v** は、単数人称の活用では消えますが、複数人称の活用形で再び現われます。

なお、このように「情報」として何かを「知っている」ことを表わすには、savoir を用いますが、すでに見たり、聞いたり、行ったりなど、自分の「経験」を通して「知っている」という場合には、一般に connaître を使います。

Je connais un bon restaurant japonais.
「私はいい日本料理店を知っています」
(『仏検公式基本語辞典』**connaître**)

得点率は 95%でした。

問題2全体の得点率は 84%でした。

解答　(1) ③　(2) ①　(3) ③　(4) ①　(5) ②

3 **解説** 選択肢としてあたえられた語句を並べかえ、文を完成する問題です。

(1) この文の動詞 a は avoir「持つ」の 3 人称単数の活用形です。したがって、3 つの下線部に入るのは、アレクシが持っている「美しい目」ということになります。その核となるのは名詞 ③ yeux「目」です。yeux [jø イユー] は男性名詞で œil [œj ウイユ] の複数形です（単数と複数で形と発音が変わりますので注意してください)。この yeux を修飾するのが形容詞 ① beaux「美しい」です。beaux は男性複数の形で、男性単数では beau（第 2 形は bel)、女性単数では belle の形になります。一般にフランス語の形容詞は名詞のあとに置かれますが、この beau (bel / belle) や petit(e)「小さい」、joli(e)「きれいな」などの日常よく使用される短めの形容詞は、名詞の前に置かれます。ここで beaux yeux「美しい目」という意味のまとまりができます。では、② de は何でしょう？これは複数の名詞の前につく不定冠詞 des が形を変えたものなのです。不定冠詞の des は、beaux yeux のように、複数名詞の**前に**形容詞が置かれたとき、原則として de になることを思い出してください。こうして Alexis a de (beaux) yeux. という文が完成します。正解は ① beaux です。

なお、目の色をトピックにする場合、色彩を表わす形容詞は名詞のあとに置かれますので、次のようになります。

Il a les yeux bleus.「彼は青い目をしている」
（『仏検公式基本語辞典』**yeux**）

このとき、yeux bleus「青い目」は、主語の Il「彼」固有の身体的特徴を客観的に示しているので、定冠詞 les がつきます。

得点率は 50%でした。

(**2**)　日本語文および選択肢から、この文が命令文であることがわかるでしょう。となれば、まず文の最初にくるのは動詞の命令形になります。選択肢のなかでそれに該当するのは、動詞 faire「する、作る」の 2 人称単数つまり tu に対する命令形の ③ fais です。また、この faire は ① attention「注意」と結びついて、faire attention「注意をする」という熟語を作ります。さらに、③ aux は前置詞 à と複数定冠詞 les が結合した縮約形ですから、次には複数の名詞 voitures がきて、aux voitures「車に」となります。つまりここでは、faire、attention、および前置詞の à が結びついた faire attention à「～に注意する」という表現が用いられているのです。こうして Fais (attention) aux voitures. という文が完成します。正解は ① attention です。

得点率は 67%でした。

(**3**)　時刻を問う疑問文です。まず、選択肢 ③ の疑問形容詞 quelle「どんな」と ② heure「時間、時刻」が結びついて quelle heure「何時」というまとまりができます。

また、一般に時刻を表わす表現では、主語は非人称の il、動詞は être を用います。時刻を尋ねる際には、本来、疑問詞の部分が文頭にきて、そのあと主語と動詞が倒置され、Quelle heure est-il ?「何時ですか」という語順になります。しかし日常会話では、本設問文のように est-il の倒置が避けられて il est となり、疑問詞の部分 quelle heure があとに置かれることがしばしばあります。

この文は、Il という 3 人称単数の主語で始まっているので、Il に対応する動詞 être の活用形① est が続き、その次に③ quelle ② heure がくることになります。こうして Il est (quelle) heure ? という文が完成します。正解は③ quelle です。

さて、ここで heure は単数の女性名詞なので、疑問形容詞もそれに一致した quelle となっていますが、修飾する名詞が男性単数であれば quel の形になります。たとえば単数の男性名詞 temps「天気」であれば、Quel temps ... ?「どんな天気～？」のようになります。ただしこのとき用いる動詞は、être ではなく faire です。

Quel temps fait-il à Paris ? — Il pleut.
「パリの天気はどう？— 雨が降っている」
(『仏検公式基本語辞典』**temps**)

得点率は 85％でした。

(4)　選択肢のなかで動詞は① comprend しかありません。comprend は動詞 comprendre「わかる、理解する」の 3 人称単数の現在形です。2(3)の apprendre と同様に、prendre と同じパターンの活用をします。さて文意からも、選択肢② の ne からも、この設問文が動詞 comprendre を否定にした文であることがわかります。

フランス語の否定文は一般に動詞の前後を ne と pas ではさんで作りますが、この選択肢には pas がありません。ここでは pas にかえて③ rien が用いられ、ne ... rien で「何も～ない」という意味の否定文になっているのです。したがって、主語 Nicolas の次には、動詞① comprend の前に② ne が、そのあとに③ rien がくることになります。こうして Nicolas ne (comprend) rien. という文が完成します。正解は① comprend です。

得点率は 84％でした。

問題3全体の平均得点率は71%でした。

解答　(1) ①　(2) ①　(3) ③　(4) ①

4

解説 フランス語の質問を読み、2つの選択肢から適切な応答を選ぶ問題です。

(1)　C'est loin, la gare ?「駅は遠いのですか」

質問のポイントは、駅が「遠い」かどうかです。② Oui, très longtemps.「ええ、ずいぶん長いこと」では応答になりません。副詞 longtemps は「長い間」を意味します。① Non, dix minutes à pied.「いいえ、歩いて10分です」が正解になります。à pied は「徒歩で」という手段を表わしています。「バスで」なら en bus、「車で」なら en voiture となります。② Oui, très longtemps. が応答となるような疑問文として、Vous restez longtemps ?「長く滞在されているのですか」などが考えられます。

得点率は60%でした。

(2)　D'où vient-elle ?「彼女はどこの出身ですか」

「～から」という起点を示す前置詞 de と、場所を問う疑問副詞 où「どこ」が結びついた形 D'où「どこから」が文頭にきています。疑問詞もしくは疑問詞を含む部分が文頭に出ると、原則として主語と動詞は倒置されるので、vient-elle となっています。vient は動詞 venir「来る」の3人称単数の活用形です。① À la campagne.「田舎に」では、à「～に」という方向を示す前置詞が使われているので、応答になりません。「～から」という起点を表わす前置詞 de をともなう ② D'un pays d'Europe.「ヨーロッパのある国から」が正解になります。① À la campagne. の応答をみちびく疑問文としては、Où vas-tu ? / Où allez-vous ?「どこに行くの（ですか）」などが思いつきます。

得点率は55%でした。

(3)　Est-ce que vous avez chaud ?「暑いですか」

avoir chaud「暑い」や avoir froid「寒い、寒気がする」という表現は、天候（気温）とはかかわりなく、人が暑さや寒さを感じていることを表わします。天候の場合は、Il fait chaud (froid) aujourd'hui.「きょうは暑い（寒い）」という非人称表現が用いられます（このとき動詞は faire を使います）。

この問いに対し、② Oui. Je regarde la télé.「ええ。私はテレビを見ています」ではとんちんかんな応答になってしまいます。① Oui. Je peux ouvrir la fenêtre ?「ええ。窓を開けてもいいですか」が正解です。peux は動詞 pouvoir の 1 人称単数の活用形です。pouvoir は、次に動詞の不定詞をともない、「〜できる」という意味で広く用いられますが、疑問文になると、このように許可を求める表現「〜してもいいですか」にもなります。

Est-ce que je peux sortir ?「退出してもよろしいでしょうか」
(『仏検公式基本語辞典』**pouvoir**)

② Oui. Je regarde la télé. の応答をみちびく疑問文は、たとえば Tu regardes la télé ?「テレビを見ているの？」などです。

得点率は 67%でした。

(4)　Tu ne prends pas ton petit déjeuner ?「君は朝食を食べないの」

このような否定疑問文「〜ではないのですか」に対して、「いいえ、〜です」と肯定の内容で答えるときには、Oui ではなく Si を用います。他方、「はい、〜ではありません」と否定の内容で答えるときには、Non を用います。したがって、① Oui, je n'ai pas faim. は、ありえない応答になります。「はい、私はお腹がすいていません」という意味を伝えたいときには、Non, je n'ai pas faim. としなければなりません。

② Si, j'ai très faim.「いいえ、私はとてもお腹がすいている」が正解です。① Oui, je n'ai pas faim. が正しい受け答えになるような疑問文は Tu es malade ?「君は病気なの？」などです。

否定疑問に対して答えるときには、「肯定の内容」で答えるのか、あるいは「否定の内容」で答えるのかがポイントです。「はい」や「いいえ」という日本語表現にまどわされないようにしましょう。

得点率は 79%でした。

問題4全体の得点率は 65%でした。

解答　(1) ①　(2) ②　(3) ①　(4) ②

5　**解説**　日本語の指示にしたがい、選択肢のなかから適切な語を選ぶ問題です。

＊このタイプの問題への対策としては、『仏検公式基本語辞典』に収められ

た「絵で見る関連語」のコーナーが非常に有効です。ぜひ活用してください。

(1) 3つの選択肢のうち、「位置」と関わりのない語を選びます。① derrière は「～のうしろに」、② sous は「～の下に」の意味ですから、正解は③ tard「遅く」です。ほかに「位置」を示すものとして、derrière の対義語 devant「～の前に」や sous の対義語 sur「～の上に」、および dans「～のなかで」もあわせて確認しておきましょう。

得点率は64％でした。

(2) 3つの選択肢のうち、「感情」を表わさない語を選びます。① content は「満足している、うれしい」、③ triste は「悲しい」の意味ですから、正解は② facile「やさしい、容易な」です。ほかに「感情」を表わす語として heureux「幸福な」（女性単数形は heureuse）も重要です。

得点率は62％でした。

(3) 3つの選択肢の意味は、それぞれ① Chine「中国」、② Corée「韓国」、③ Lyon「リヨン」です。「国名」と関係のないものは都市名の Lyon ですから、正解は③ Lyon です。重要な「地域名・国名・都市名」は、『仏検公式基本語辞典』の p.194 にその一覧が記載されていますので、参考にしてください。

得点率は86％でした。

(4) 3つの選択肢のうち「自然」と関係のない語を選びます。① arbre は「木」、② montagne は「山」ですから、正解は③ vélo「自転車」です。「自然」と関わりのある語はたくさんありますが、5級レベルでは、ほかに mer「海」や fleur「花」なども覚えておきましょう。

得点率は82％でした。

問題5全体の得点率は74％でした。

解答 (1) ③　(2) ②　(3) ③　(4) ③

6 解説 イラストと一致する文を選ぶ問題です。

(1) 腕を押さえて、痛そうにしている女性のイラストです。①は Elle a mal au bras.「彼女は腕が痛い」、②は Elle a mal au pied.「彼女は足が痛い」です。いずれも〈avoir mal à ＋定冠詞＋身体の部分〉「〜が痛い」の表現が使われています。焦点になっているのは、bras「腕」と pied「足」の区別です。正解は① Elle a mal au bras. です。

得点率は 86%でした。

(2) 売店で新聞などを売っている男性のイラストです。① Il achète des journaux. は「彼は新聞を買う」、② Il vend des journaux. は「彼は新聞を売る」です。ポイントは、achète (< acheter「買う」) と vend (< vendre「売る」) という対になる動詞を理解しているかどうかです。正解は② Il vend des journaux. です。

得点率は 80%でした。

(3) 多くの人々がいるイラストです。① Il n'y a personne. は「だれも（ひとりも）いない」、② Il y a trop de monde. は「あまりにたくさんの人々がいる」です。2 つとも、il y a「〜がいる（ある）」という非人称表現が使われています。そして、①は ne ... personne「だれも〜ない」という形の否定文に、②は trop de monde「あまりにたくさんの人々」を意味上の主語とする文になっています。trop de は「あまりに多くの〜」を意味する数量表現です。また monde は、この場合「世界」ではなく、「人々」の意味になります。正解は② Il y a trop de monde. です。

得点率は 87%でした。

(4) 家の前で遊んでいる子どもたちのイラストです。① Les enfants jouent dans la maison. は「子どもたちは家のなかで遊んでいる」、② Les enfants jouent devant la maison. は「子どもたちは家の前で遊んでいる」の意味です。ここでは、場所を表わす 2 つの前置詞 dans「〜のなかで」と devant「〜の前で」の対比が焦点になっています。正解は② Les enfants jouent devant la maison. です。

得点率は 83%でした。

問題6全体の得点率は 84%でした。

解答　(1) ①　(2) ②　(3) ②　(4) ②

7

解説　会話文を読み、空欄に適切な語をおぎなう問題です。動詞や形容詞、疑問詞、前置詞などの用法が問われます。

ジェシカがジュヌヴィエーヴに話しかけています。

(**1**)　Tu peux venir (　1　) moi samedi soir ?「土曜の晩（夕方）、私（　1　）来られる？」とジェシカがジュヌヴィエーヴに尋ねています。動詞 peux の不定詞は pouvoir で「～できる」の意味ですが、このように相手に向かって疑問形で用いると依頼や勧誘のニュアンスを帯びることがあります。それに対してジュヌヴィエーヴは、Non, samedi, je fais du tennis avec des amis.「だめなの、土曜は、友だちとテニスをするんだ」と答えています。tennis「テニス」などスポーツをする場合には、〈faire ＋部分冠詞＋スポーツ名〉の形をとります。tennis は男性名詞なので部分冠詞は du になっています。

さて空欄の選択肢には、① chez「～の家に」、② dans「～のなかに」、③ sur「～の上に」の 3 つの前置詞があります。このなかで、空欄の次の moi とつながって適切な文となるのは ① chez しかありません。前置詞 chez のあとにはかならず「人」がきます。また前置詞のあとに人称代名詞がくる場合は、つねに強勢形になります。冒頭のジェシカの発話は、「土曜の晩、私の家に来られる？」の意味になります。正解は ① chez です。

得点率は 73%でした。

(**2**)　Et dimanche ?「それじゃ、日曜は？」ときくジェシカにジュヌヴィエーヴは、Ce n'est pas possible (　2　) je vais visiter un musée.「無理だわ（　2　）美術館に行く」と答えます。possible は「可能な」という意味の形容詞です。また vais は動詞 aller「行く」の活用形ですが、ここでは〈aller ＋不定詞〉の形で近接未来の表現になっています。

この設問では、前半の文「それ（ジェシカの家に行くこと）は無理だ」と後半の文「私は美術館に行く」をつなぐ役割の語が問われています。選択肢を見ると、① maintenant は「いま」という意味の副詞、② mais「しかし」

は対立をみちびく接続詞、③ parce que「なぜなら」は理由を示すときに用いる接続詞です。後半部の「美術館に行く」というのは前半部「(ジェシカの家に行くのは) 無理だ」の理由になっているのですから、正解は③ parce que になります。ジュヌヴィエーヴの発話を日本語の表現に置きかえると、「無理だわ。だって美術館に行くんだもの」となります。

得点率は65%でした。

(**3**) Alors, quand est-ce que tu es (　3　) ?「じゃあ、いつあなたは（　3　）なの」とジェシカが尋ねます。quand は「いつ」という時間を問う疑問副詞です。本来疑問詞が文頭にくると主語と動詞は倒置され、quand es-tu ...? のようになりますが、この文のように疑問詞のあとに est-ce que を入れると倒置を避けることができます。

さてこの質問に対し、ジュヌヴィエーヴは Mercredi matin.「水曜の朝（午前)」と答えています。選択肢は、① fatiguée「疲れた」、② libre「ひまな、自由な」、③ riche「裕福な」という、いずれも形容詞です。Mercredi matin.「水曜の朝」という応答に対する質問文として適切なのは「じゃあ、いつあなたはあいているの（←ひまなの)」ですから、正解は② libre です。

得点率は65%でした。

(**4**) Mercredi matin.「水曜の朝」に続けてジュヌヴィエーヴは、J'(　4　) à neuf heures, ça va ?「9時に（　4　）、それでいい？」とジェシカに尋ね、ジェシカは Très bien, à mercredi !「それでいいわ、じゃあ水曜に」と応じています。選択肢は、① arrive (< arriver)「到着する」、② entre (< entrer)「入る」、③ habite (< habiter)「住む」と、すべて母音で始まる動詞になっています。② entre「入る」や③ habite「住む」では適切な対話が成立しません。正解は① arrive です。ジュヌヴィエーヴの言葉は「9時に着くけど、それでいい？」の意味になります。

得点率は82%でした。

問題7全体の得点率は71%でした。

解答　(1) ①　(2) ③　(3) ②　(4) ①

聞き取り試験

解説・解答

1

(読まれる質問)

(1)　Il travaille où ?

(2)　Qui invites-tu au dîner ?

(3)　Elle est comment, sa maison ?

(4)　Vous aimez le ski ?

(5)　Tu as combien d’examens cette semaine ?

解説　フランス語の文(1)〜(5)を聞き取り、その応答として適切なものを選ぶ問題です。

(1)　Il travaille où ?「彼はどこで働いているのですか」

場所を問う疑問副詞 où [u ウ] が後置された疑問文です。[u ウ] という音が聞き取れるかどうかがポイントになります。選択肢には、場所を示す ① À la poste.「郵便局で」と、時を示す ② Vendredi matin.「金曜日の朝」がありますが、正解は ① À la poste. です。② Vendredi matin. が答えになる疑問文としては、Il part (arrive) quand ?「彼はいつ出発（到着）するのですか」などが考えられます。

得点率は 86%でした。

(2)　Qui invites-tu au dîner ?「君は夕食にだれを招待しているの」

Qui [ki キ] は、「だれが」や「だれを」のように、「人」について問う疑問代名詞です。この文では、あとに invites-tu「君は招待しているの」がきていますから、この Qui は「だれを」をきいていることがわかります。ここで主語 tu と動詞 invites の倒置を避けたいときには、Qui の次に est-ce que をはさんで、Qui est-ce que tu invites ... ? とすることもできます。さて選択肢を見ると、① Avec madame et monsieur Duval.「デュヴァル夫妻といっしょに」と ② Des amis.「友人たち」がありますが、前置詞 avec「〜といっしょに」をともなう ① では、応答が成り立ちません。正解は ② Des amis. です。① Avec madame et monsieur Duval. が答えになる疑問文は、Avec qui ...?「だれといっしょに〜」という形になります。

得点率は 40％でした。

(3) Elle est comment, sa maison ?「彼（彼女）の家はどんな家ですか」

疑問副詞の comment [kɔmɑ̃ コマン] が使われています。comment には、① 手段や方法をきく用法と ② 形状、性質、様子などをきく用法とがあります。

① Comment vas-tu à la gare ?「君は駅へどうやって行くのですか」

② Il est comment, ton nouvel appartement ?
「君の今度のアパルトマンはどんなのですか」
（『仏検公式基本語辞典』**comment**）

本問では、彼（彼女）の家がどのようであるかが問われています。このとき主語代名詞 Elle は、人間の「彼女」ではなく、文末に置かれた sa maison「彼（彼女）の家」という女性名詞を前もってうけていることに注意してください。選択肢 ① Elle est belle. は、これだけを読むと「彼女は美しい（すばらしい）」と「それ（その家）は美しい（すばらしい）」の 2 つの解釈が可能です。また ② Elle vient en train. の主語 Elle は人間であるとしか考えられないので、「彼女は電車で来ます」の意味になります。

さて、先にも指摘したように、読まれる疑問文の主語代名詞 Elle は人間ではなく「彼（彼女）の家」を受けているのですから、それに対する応答文の主語 Elle も「彼（彼女）の家」を指すことになります。したがって、正解は ① Elle est belle.「それ（その家）は美しい（すばらしい）」となります。② Elle vient en train. が答えとなる疑問文としては、Elle vient comment ? / Comment vient-elle ?「彼女はどうやって（どのような手段で）来るのですか」などが想定されます。

得点率は 40％でした。

(4) Vous aimez le ski ?「スキーは好きですか」

動詞 aimer を用いて、ski「スキー」が好きかどうかをきいています。この場合のスキーは、スポーツ・レジャーとしての ski「スキー」全般を指しているので、男性単数の定冠詞 le がついています。選択肢を見ると、① Non, qui est-ce ?「いいえ、この人はだれですか」と ② Oui, assez.「ええ、かなり（好きです）」がありますが、① Non, qui est-ce ? では応答が成立しません。正解は ② Oui, assez. です。① Non, qui est-ce ? が答えとなる疑問文として、Vous connaissez ce monsieur (cette dame) ?「この男性（女性）を知っていますか」などが考えられるでしょう。

得点率は 69%でした。

(5) Tu as combien d'examens cette semaine ?「君は今週いくつ試験があるの」

「どれだけの〜」という数や量を尋ねる〈combien de＋無冠詞名詞〉という表現が用いられているのですが、主語 Tu と動詞 as (< avoir「持つ」) の倒置 (As-tu) を避けるために疑問詞を含む箇所 combien d'examens が後置されています。なお、本設問の examens「試験」のように対象が数えられる名詞とみなされるときには、複数形にします。選択肢には、Je n'ai **pas beaucoup** d'examens. を簡略にした ① Pas beaucoup.「そんなに多くありません」と Ce n'est **pas très difficile**. を短くしたと考えられる ② Pas très difficile.「そんなに難しくありません」があります。本問では試験の難易が焦点になっているわけではないので、② Pas très difficile. という応答は不適切です。正解は ① Pas beaucoup. です。

得点率は 44%でした。

問題1全体の得点率は 56%でした。

解答 (1) ①　(2) ②　(3) ①　(4) ②　(5) ①

2

(読まれる文)

(1) Il y a dix-neuf restaurants japonais dans notre ville.

(2) La classe finit dans deux minutes.

(3) Notre fille a dix-huit ans.

(4) Ils font quatorze gâteaux.

(5) Nous allons acheter six oranges.

解説 フランス語の文(1)〜(5)にふくまれる数を聞き取る問題です。

(1) Il y a dix-neuf restaurants japonais dans notre ville.「私たちの町には、日本食レストランが19軒あります」

Il y a「〜がある」という存在をあらわす非人称構文です。使われている動詞はavoirです。正解は19です。dix-neufは[diznœfディズヌフ]と発音します。di**x** (10)の発音は[di**s**ディス]ですが、di**x**-huit (18) [di**z**ɥitディズュイット]とdi**x**-neuf (19) [di**z**nœfディズヌフ]では、[di**z**ディズ]と発音されるので注意しましょう。

得点率は90%でした。

(2) La classe finit dans deux minutes.「授業はもうすぐ（←2分後に）終わります」

使われている動詞はfinir「終わる」です。正解は02です。数詞deuxのあとに母音で始まる名詞がきていませんから、音の変化などはありません。deuxは[døドゥ]と発音されています。もしdeux heures「2時（間）」のように、deuxのあとに母音で始まる語heures [œːrウーる]がつづく場合は、deu**x**の語尾の本来発音されないxが[z]の音になり、heuresとつながってdeu**x** heures [dø**z**œːrドゥ**ズ**ーる]とひと息に発音されます。リエゾンと呼ばれる現象です。

得点率は78%でした。

(3) Notre fille a dix-huit ans.「私たちの娘は18歳です」

動詞avoirを用いた年齢を表わす表現です。正解は18です。dix-huitは[dizɥitディズュイット]と発音されますが、ここでは次に母音で始まるans [ɑ̃アン]「年、歳」がきています。このとき、dix-huitの語末のtはansとつながり、[dizɥitɑ̃ディズュイッタン]とひと息に発音されます。

得点率は85%でした。

(4) Ils font quatorze gâteaux.「彼らは14個のケーキを作ります」

動詞はfaire「作る」が使われています。正解は14です。quatorzeは[katɔrz カトるズ]と発音します。次にくるgâteaux [gɑto ガト]「ケーキ」は子音で始まる語なので、quatorzeに音の変化などはありません。なお、gâteau（男性名詞）の複数形は語尾にxをつけてgâteauxとなります。

得点率は71%でした。

(5) Nous allons acheter six oranges.「私たちはオレンジを6個買いにいきます」

〈aller +不定詞〉は、近接未来で「～するところだ」、もしくは「～しにいく」の意味になります。正解は06です。sixは、単独では[sis スィス]と発音されます。しかし、ここでは次に母音で始まるoranges「オレンジ」がきています。このとき、sixの語末の子音xが[z ズ]の音になり、oranges [ɔrɑ̃ːʒ オらンジュ]とつながってsix orangesは[sizɔrɑ̃ːʒ スィゾらンジュ]とひと続きに発音されています。

得点率は58%でした。

問題[2]全体の得点率は76%でした。

解答 (1) 19　(2) 02　(3) 18　(4) 14　(5) 06

3

(読まれる文)

(1) Asseyez-vous.

(2) Bon après-midi !

(3) C’est très gentil.

(4) Il fait mauvais.

(5) Tu as sommeil ?

解説 フランス語の文(1)～(5)を聞き取り、その内容に対応する場面を5つのイラストから選ぶ問題です。

(1) Asseyez-vous.「おすわりください」

いすの横にいる男性に向かって女性が話しかけている②のイラストが正解です。Asseyez-vous. は代名動詞 s'asseoir「すわる」の vous に対する命令形ですが、これはひとつの表現として覚えておきましょう。

得点率は67%でした。

(2) Bon après-midi !「さようなら（よい午後を）」

ひとりの女性が、もうひとりの女性に手をあげて何かを言っている④のイラストが正解です。形容詞 Bon(ne)(s) をともなう定型表現は、ほかにも Bonne année !「新年おめでとう」、Bonne soirée !「さようなら（楽しい夕べを）」、Bonne nuit !「おやすみなさい」、Bonnes vacances !「よい休暇を」、Bon week-end !「よい週末を」など、数多くあります。

得点率は80%でした。

(3) C'est très gentil.「ご親切に、ありがとうございます」

男性が女性に花束を手渡している⑤のイラストが正解です。この文の主語 ce (← c') は、相手の行為（この場合は花束を贈ること）を指す指示代名詞です。したがって、補語となる形容詞 gentil は性数の一致をしません。いっぽう、主語に vous や tu などの人称代名詞を用いると性数の一致が生じることになります。たとえば、相手がひとりの女性であれば、Vous êtes très gentille.「あなたはとても親切ですね」、複数の男性、もしくは男女が混じった複数の相手であれば、Vous êtes très gentils.「あなた方はとても親切ですね」のようになります。

得点率は70%でした。

(4) Il fait mauvais.「ひどい天気だ」

雨のなか、傘をさして歩いている女性のイラスト③が正解です。〈非人称主語 il + fait (< faire) +形容詞〉で、天候や寒暖を表わす表現です。天気が悪い場合は、このように形容詞 mauvais を使います。「よい」ときは beau、「暑い」ときは chaud、「寒い」ときには froid などとします。

得点率は76%でした。

(5)　Tu as sommeil ?「眠いの？」

あくびをしている男の子に、女性が何かを言っている①のイラストが正解です。avoir sommeil は「眠気をもつ→眠い」という意味になります。ほかにも、〈avoir + 無冠詞名詞〉でさまざまな定型表現が作られます。avoir faim「空腹である」、avoir soif「のどが渇いている」、avoir chaud「(からだが) 暑い」、avoir froid「寒い、寒気がする」などは覚えておきたい表現です。『仏検公式基本語辞典』の avoir の項目には、こうした用例がまとめてありますので、参考にしてください。

得点率は78%でした。

問題3全体の得点率は75%でした。

解答　(1) ②　(2) ④　(3) ⑤　(4) ③　(5) ①

4

(読まれる文)

(1)　Ils attendent le train.

(2)　Voilà vos livres.

(3)　Elles partent pour la France.

(4)　Tu es italien ?

(5)　Regarde cet enfant !

解説　フランス語の文を聞き取り、2枚の絵から、それぞれの文の内容に合うものを選ぶ問題です。冠詞や形容詞、動詞の活用語尾などの音声を手がかりに、男性形と女性形、単数形と複数形、肯定と否定の違いを聞き取ります。

(1)　Ils attendent le train.「彼らは電車を待っている」

イラスト①には男性が1人、イラスト②には男性が2人描かれています。

ポイントは、読まれる設問文を聞いて主語が単数か複数かを判断することにあります。さて、3人称単数の主語 il と3人称複数の主語 ils の発音はいずれも [il イル] で同じです。次にくる動詞の不定詞は attendre [atɑ̃dr アタンドる]「待つ」です。主語が3人称単数なら、その活用形は attend [atɑ̃ アタン]、主語が3人称複数なら attendent [atɑ̃d アタンド] になります。またこの動詞は母音で始まっているので、主語の il、ils とつながって発音されます。注意しましょう。主語が単数の il [il イル] のときは、次の attend とひとつづきに、il attend [ilatɑ̃ イラタン] と発音します。いっぽう主語が複数の ils [il イル] のときは、ils の発音されない語尾 s が、次に母音で始まる attendent とつながって [z ズ] という音になり、ひと息に ils attendent [ilzatɑ̃d イルザタンド] と発音します。録音の音声では Ils attendent le train. [ilzatɑ̃dlətrɛ̃ イルザタンドルトらン] と発音されているので、正解は②になります。

もしイラスト①が正解ならば、読まれる文は、Il attend le train. [ilatɑ̃lətrɛ̃ イラタンルトらン] となります。

得点率は75%でした。

(2)　Voilà vos livres.「ほら、あなたの本です」

イラスト①には本が1冊、イラスト②には本が2冊描かれています。Voilà「ほら、～があります」を用いた提示表現です。名詞につく所有形容詞（この場合は vos「あなたの」）の音声を聞き分けて、「あなたの本」が単数か複数かを判断します。livre「本」が1冊であれば votre livre [vɔtrliːvr ヴォトるリーヴる]、複数であれば vos livres [voliːvr ヴォリーヴる] となります。録音の音声では Voilà **vos** livres. [vwala**vo**liːvr ヴォワラ**ヴォ**リーヴる] と発音されています。したがって、本が2冊描かれているイラスト②が正解です。

もしイラスト①が正解ならば、読まれる文は、Voilà **votre** livre. [vwala**vɔtr**liːvr ヴォワラ**ヴォトる**リーヴる]「ほら、あなたの本です」となります。

得点率は47%でした。

(3)　Elles partent pour la France.「彼女たちはフランスに向けて出発します」

イラスト①では男性1人と女性1人が、イラスト②では女性2人が、話をしています。吹き出しのなかにはフランスの地図があるので、フランスについて話題にしていることが想定されます。イラスト①に描かれているのは男女ですから、これをうける代名詞は ils [il イル]「彼ら」に、イラスト②に描かれているのは女性2人ですから、これをうける代名詞は elles [ɛl エル]「彼女ら」になります。冒頭の主語代名詞が ils か elles かをしっかりと聞き取りましょう。また主語はいずれも3人称複数なので、動詞の活用は2つとも partent [part パるト] (< partir「出発する」) です。録音の音声では、**Elles** partent pour la France [**ɛl**partpurlafrɑ̃s **エル**パるトプーるラフらンス] と読まれているので、正解は②です。もし①が正解ならば、読まれる文は、**Ils** partent pour la France. [**il**partpurlafrɑ̃s **イル**パるトプーるラフらンス] となります。

得点率は89%でした。

(4) Tu es italien ?「君はイタリア人ですか」

イラスト①には男性が1人、イラスト②には女性が1人描かれています。読まれる設問文の主語の音 tu [ty テュ]「君、あなた」だけでは、男性か女性かを判断できません。この場合は、主語を説明する補語となっている形容詞 italien(ne)「イタリア人の」から判断するしかありません。男性であれば italien [italjɛ̃ イタリヤン]、女性であれば italienne [italjɛn イタリエンヌ] となります。ポイントは、男性語尾の -ien [jɛ̃ ィヤン] と女性語尾の -ienne [jɛn ィエンヌ] の音を聞きわけられるかどうかです。録音の音声では、Tu es ital**ien** ? [tyɛital**jɛ̃** テュエイタリ**ヤン**] と発音されています。したがって正解は①です。

イラスト②が正解ならば、読まれる文は、Tu es ital**ienne** ? [tyɛital**jɛn** テュエイタリ**エンヌ**] になります。

得点率は86%でした。

(5) Regarde cet enfant !「あの子どもを見て」

イラスト①には1人の子どもが、イラスト②には3人の子どもが描かれています。動詞 regarder「見る」の tu に対する命令形 regarde が文頭にきています。さて本問は、子どもが単数なのか複数なのかを、名詞の前についた指示形容詞から判断します。「この、あの、その」という意味の指示形容詞をつける場合、子音で始まる単数の男性名詞の前では ce [sə ス]、母音で始まる単数の男性名詞の前では cet [sɛt セット]、単数の女性名詞の前では

cette [sɛt セット]、男性名詞、女性名詞にかかわらず複数の名詞の前では ces [se セ] となります。さて、enfant [ɑ̃fɑ̃ アンファン]「子ども」という語は、男性名詞にも女性名詞にもなりえますが、そもそも母音で始まる語です。したがって、発音はひと続きになって、1人の男の子なら cet enfant [sɛtɑ̃fɑ̃ セタンファン]、1人の女の子なら cette enfant [sɛtɑ̃fɑ̃ セタンファン]、複数の子どもたちなら ces enfants [sezɑ̃fɑ̃ セザンファン] となります。

録音の音声では、Regarde cet enfant ! [rəgardsɛtɑ̃fɑ̃ るガルドセタンファン] と発音されています。したがって正解は①です。

イラスト②が正解ならば、読まれる文は、Regarde ces enfants ! [rəgardsezɑ̃fɑ̃ るガルドセザンファン] になります。ところで、イラスト①が女の子であれば、Regarde cette enfant ! [rəgardsɛtɑ̃fɑ̃ るガルドセタンファン] となりますが、発音は男の子のときと同じ [sɛtɑ̃fɑ̃ セタンファン] で変わりません。

得点率は58%でした。

問題4全体の平均得点率は71%でした。

解答　(1) ②　(2) ②　(3) ②　(4) ①　(5) ①

配　点　表

問題番号	筆記試験	1	2	3	4	5	6	7	小計	聞き取り	1	2	3	4	小計	合計
点		10	10	8	8	8	8	8	60		10	10	10	10	40	100

2022年度秋季
実用フランス語技能検定試験
試験問題冊子　〈５級〉

問題冊子は試験開始の合図があるまで開いてはいけません。

筆記試験	10 時 20 分～10 時 50 分 （休憩なし）
聞き取り試験	10 時 50 分から約 15 分間

◇問題冊子は表紙を含め 16 ページ、筆記試験が 7 問題、聞き取り試験が 4 問題です。

注　意　事　項

1　途中退出はいっさい認めません。

2　筆記用具は **HB または B の黒鉛筆**（シャープペンシルも可）を用いてください。ボールペンや万年筆等でマークした解答は機械による読み取りの対象とならないため、採点されません。

3　解答用紙の所定欄に、**受験番号**と**カナ氏名**が印刷されていますから、まちがいがないか、**確認**してください。

4　**解答は、解答用紙の解答欄にマークしてください。**たとえば、1 の (1) に対して ③ と解答する場合は、次の例のように解答欄の ③ にマークしてください。

例　1

解答番号	解　答　欄
(1)	①　②　●

5　解答に関係のないことを書いた答案は無効にすることがあります。

6　解答用紙を折り曲げたり、破ったり、汚したりしないように注意してください。

7　問題内容に関する質問はいっさい受けつけません。

8　不正行為者はただちに退場、それ以降および来季以後の受験資格を失うことになります。

9　**携帯電話等の電子機器の電源はかならず切って、かばん等にしまってください。**通信機能のある時計は使用を禁じます。

10　**時計のアラームは使用しないでください。**

11　この試験問題の複製（コピー）を禁じます。また、この試験問題の一部または全部を当協会の許可なく他に伝えたり、漏えいしたりすることを禁じます（インターネットや携帯サイト等に掲載することも含みます）。

筆記試験終了後、休憩なしに聞き取り試験にうつります。

1　次の (1) ～ (5) の (　　) 内に入れるのにもっとも適切なものを、それぞれ ① ～ ③ のなかから 1 つずつ選び、解答欄のその番号にマークしてください。(配点　10)

(1) Elle préfère (　　) musique italienne.

① la　　② le　　③ les

(2) Il y a (　　) roses dans ce jardin.

① des　　② un　　③ une

(3) Tu veux (　　) soupe froide ?

① de　　② de la　　③ du

(4) Vous avez l’adresse de (　　) homme ?

① ce　　② cet　　③ cette

(5) (　　) enfants sont très beaux !

① Vos　　② Votre　　③ Vous

(解説・解答 ▶ p.234)

2 次の (1) ～ (5) の (　　) 内に入れるのにもっとも適切なものを、それぞれ ① ～ ③ のなかから1つずつ選び、解答欄のその番号にマークしてください。(配点 10)

(1) Il (　　) un livre.

① choisis　② choisissent　③ choisit

(2) Je (　　) par carte.

① paie　② paies　③ payez

(3) Nous (　　) finir ce travail ce soir.

① devons　② doit　③ doivent

(4) Tu (　　) ton nom ici.

① met　② mets　③ mettons

(5) (　　) de votre voiture !

① Sors　② Sortent　③ Sortez

(解説・解答 ▶ p.236)

3

例にならい、次の (1) ～ (4) において、それぞれ ① ～ ③ をすべて用いて、あたえられた日本語に対応する文を完成したときに、(　　) 内に入るのはどれですか。① ～ ③ のなかから 1 つずつ選び、解答欄のその番号にマークしてください。(配点　8)

例 ：私たちはパリ出身です。

Nous _______ (_______) _______ .

① de　　② Paris　　③ sommes

Nous sommes (de) Paris .

③ ① ②

となり、③①②の順なので、(　　) 内に入るのは ①。

(1) お父様のおっしゃることはごもっともです。

Votre _____ (_____) _____ .

① a　　② père　　③ raison

(2) 彼女は赤いスカートをはいています。

Elle porte _____ (_____) _____ .

① jupe　　② rouge　　③ une

(3) だれも見えませんが。

Je _____ (_____) _____ .

① ne　　② personne　　③ vois

(4) 私たちは今、帰宅したところです。

Nous _____ (_____) _____ .

① de　　② rentrer　　③ venons

(解説・解答 ▶ p.238)

4　次の (1) ～ (4) に対する応答として適切なものを、それぞれ ①、② から選び、解答欄のその番号にマークしてください。(配点　8)

(1)　Ce film, il est comment ?

① Il est intéressant.
② Il fait mauvais.

(2)　Nous allons nous promener ?

① Avec plaisir !
② Oui, hier.

(3)　Quand part le train ?

① À la gare.
② Dans dix minutes.

(4)　Qui attendez-vous ?

① Ma sœur.
② Ma voiture.

(解説・解答 ▶ p.239)

5　次の (1) ～ (4) において、日本語で示した**特徴を持たない語**を、それぞれ ① ～ ③ のなかから 1 つずつ選び、解答欄のその番号にマークしてください。(配点　8)

(1)　運動

① courir　② danser　③ écouter

(2)　公共施設

① musée　② poste　③ yeux

(3)　天体

① jardin　② lune　③ soleil

(4)　文房具

① crayon　② fenêtre　③ papier

(解説・解答 ▶ p.241)

6

次の (1) ～ (4) の絵に対応する文を、それぞれ ①、② から選び、解答欄のその番号にマークしてください。(配点　8)

(1)

① Elle chante très bien.

② Elle ne chante pas bien.

(2)

① Il ferme le livre.

② Il ouvre le livre.

(3)

① La question est difficile.

② La question est facile.

(4)

① Je viens à pied.

② Je viens en taxi.

(解説・解答 ▶ p.242)

7

次の会話を読み、(1)～(4)に入れるのにもっとも適切なものを、それぞれ ① ～ ③ のなかから 1 つずつ選び、解答欄のその番号にマークしてください。(配点 8)

Lucas : Tu pars (1) en vacances ?
Sarah : À New York.
Lucas : Tu (2) anglais ?
Sarah : Non, pas du tout. Mais ça va. Tu connais Nicole, la femme de mon frère ?
Lucas : Oui. Elle vient du Canada, c'est bien ça ?
Sarah : Non, elle est (3). Et elle va voir ses parents à New York pendant les vacances. Alors, je vais voyager (4) elle.
Lucas : Ah, très bien !

(1) ① comment　② où　③ quand
(2) ① cherches　② donnes　③ parles
(3) ① américaine　② belle　③ malade
(4) ① à　② avec　③ par

(解説・解答 ▶ p.243)

聞き取り試験問題

聞き取り試験時間は、
10時50分から約15分間

注意事項

1　聞き取り試験は、CD・テープでおこないますので、CD・テープの指示にしたがってください。

2　解答はすべて筆記試験と同じ解答用紙の解答欄に、**HBまたはBの黒鉛筆**（シャープペンシルも可）でマークしてください。ボールペンや万年筆等でマークした解答は機械による読み取りの対象とならないため、採点されません。

1

- フランス語の文 (1) ～ (5) を、それぞれ3回ずつ聞いてください。
- (1) ～ (5) の文に対する応答として適切なものを、それぞれ ①、② から選び、解答欄のその番号にマークしてください。

(メモは自由にとってかまいません) (配点　10)

［音声を聞く順番］ ㊶→㊷

(1) ① Non, à l'aéroport.
　② Oui, ce soir.

(2) ① À Paris.
　② Très bien, merci.

(3) ① C'est Pauline, ma sœur.
　② C'est une école.

(4) ① Dix euros.
　② Trois bananes.

(5) ① Non, jamais.
　② Oui, j'ai soif.

(解説・解答 ▶ p.245)

3級 春
3級 秋
4級 春
4級 秋
5級 春
5級 秋

2

- フランス語の文 (1) ～ (5) を、それぞれ 3 回ずつ聞いてください。
- どの文にもかならず数が含まれています。例にならって、その数を解答欄にマークしてください。

（メモは自由にとってかまいません）（配点 10）

［ 音声を聞く順番 ］ ㊸ → ㊹

(例)

- 「7」と解答したい場合には、

●	①	②	③	④	⑤	⑥	⑦	⑧	⑨
⓪	①	②	③	④	⑤	⑥	●	⑧	⑨

とマークしてください。

- 「15」と解答したい場合には、

⓪	●	②	③	④	⑤	⑥	⑦	⑧	⑨
⓪	①	②	③	④	●	⑥	⑦	⑧	⑨

とマークしてください。

(1)

(2)

(3)

(4)

(5)

（解説・解答 ▶ p.247）

3

- フランス語の文 (1) ～ (5) を、それぞれ 3 回ずつ聞いてください。
- それぞれの文にもっともふさわしい絵を、下の ① ～ ⑤ のなかから 1 つずつ選び、解答欄のその番号にマークしてください。ただし、同じものを複数回用いることはできません。
（メモは自由にとってかまいません）（配点　10）

［ 音声を聞く順番 ］ ㊺ → ㊻

(1)

(2)

(3)

(4)

(5)

①

②

③

④

⑤

（解説・解答 ▶ p.249）

4

- フランス語の文 (1) ～ (5) を、それぞれ3回ずつ聞いてください。
- (1) ～ (5) の文にふさわしい絵を、それぞれ ①、② から選び、解答欄のその番号にマークしてください。

（メモは自由にとってかまいません）（配点　10）

［ 音声を聞く順番 ］ ㊼ → ㊽

(1)

①

②

(2)

①

②

(3)

①

②

(4)

①

②

(5)

①
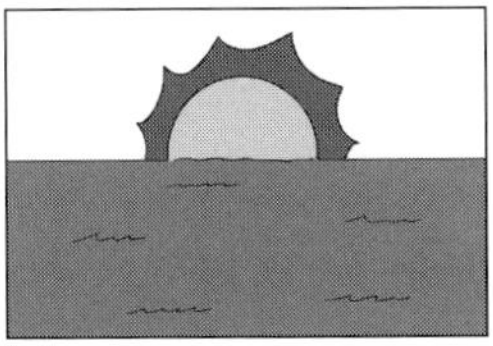

②

（解説・解答 ▶ p.251）

2022年度秋季5級

今季の出願者2,078名のうち受験者は1,902名。合格者は1,710名で、実受験者に対する合格率は90%でした。合格率は、2022年度春季81%、2021年度秋季86%、2021年度春季89%でした。今回は2022年度春季に比べると、合格率が上がっています。

平均得点率は、筆記試験が82%、聞き取り試験が70%、全体では77%でした。全体の平均得点率については、2022年度春季73%、2021年度秋季76%、2021年度春季79%ですので、直近3季の平均的な得点率となっています。

出題内容のあらまし

[筆記]

1 冠詞、指示形容詞、所有形容詞（穴うめ・選択）
2 動詞活用（穴うめ・選択）
3 語順（語句の並べかえによる仏文完成・選択）
4 応答文（仏文選択）
5 語彙（選択）
6 対になる表現・語句（絵の内容に対応する仏文選択）
7 会話文（穴うめ・選択）

[聞き取り]

1 応答文（仏文選択）
2 数（マーク式による記入）
3 短文（仏文に対応する絵の選択）
4 男性・女性、単数・複数、肯定・否定の区別（仏文に対応する絵の選択）

筆記試験

解説・解答

1 **解説** 名詞と結びつく冠詞（不定冠詞、定冠詞、部分冠詞）と指示形容詞、所有形容詞に関する問題です。

(1) Elle préfère (la) musique italienne.「彼女はイタリア音楽を好みます」

選択肢はすべて定冠詞です。① la は子音で始まる単数の女性名詞に対して、② le は子音で始まる単数の男性名詞に対して用います。③ les は男性、女性にかかわらず複数の名詞に対して用います。なお、選択肢にはありませんが、男性名詞であれ女性名詞であれ、母音もしくは無音の h で始まる単数名詞の前では、定冠詞は l' となり次の語とつながります。

さて、musique「音楽」のうしろについている形容詞 italienne「イタリアの」の形から、musique が女性名詞単数形であることがわかります。もし形容詞の前に置かれる名詞が男性名詞なら、形容詞は男性形の italien になります。単数の女性名詞につく定冠詞は la ですから、正解は① la になります。なお、使われている動詞 préfère は préférer「好む」の活用形です。préférer は -er 型の規則動詞ですが、一部の活用形でつづり字記号の向きが変わります。

得点率は90%でした。

(2) Il y a (des) roses dans ce jardin.「この庭にはバラがあります」

Il y a「～がある」という存在をあらわす非人称構文です。選択肢はすべて不定冠詞です。① des は男性、女性にかかわらず複数の名詞に対して、② un は単数の男性名詞に対して、③ une は単数の女性名詞に対して、それぞれ用います。

さて、rose「バラ」は女性名詞ですが、本問題の roses は、語尾に s がついて、複数形であることを示しています。したがって、複数形の名詞につく不定冠詞の des が空欄に入ります。正解は① des です。

得点率は94%でした。

(3)　Tu veux (de la) soupe froide ?「君は冷たいスープがほしいの？」

選択肢① de は、直接目的語の前についた不定冠詞や部分冠詞が否定文になったときなどに用いられます。② de la は単数の女性名詞につく部分冠詞、③ du は単数の男性名詞につく部分冠詞です。なお、使われている動詞 veux の不定詞は vouloir「〜がほしい」です。

さて、「スープがほしい」というときの「スープ」は、実際に飲む一定量のスープを指しています。このような場合には部分冠詞がつきます。soupe「スープ」についているのは、形容詞 froide「冷たい」です。男性単数形の froid に女性形を表わす e がついていることから、この形容詞が名詞の性数に合わせて、女性単数形に変化していることがわかります。つまり、soupe という名詞は女性単数形であり、これにつく冠詞は、部分冠詞の女性形 de la です。したがって正解は② de la となります。

なお、部分冠詞は数えられない名詞につくので、複数形はありません。男性名詞の前では du となり、Tu veux **du** poisson ?「君はお魚（料理）がほしい（食べたい）の？」のように用います。また、男性名詞であれ女性名詞であれ、母音もしくは無音の h で始まる名詞の前では、de l' の形になります。たとえば、Tu veux de l'eau ?「君は水がほしいの？」（eau は女性名詞）のようになります。

得点率は73％でした。

(4)　Vous avez l'adresse de (cet) homme ?「あなたはこの人の住所を知っていますか（持っていますか）？」

選択肢はすべて「この、あの、その」を意味する指示形容詞です。① ce は子音で始まる単数の男性名詞に対して、② cet は母音字もしくは無音の h から始まる、単数形の男性名詞の前で、③ cette は単数の女性名詞に対して、それぞれ用います。また、選択肢にはありませんが、男性、女性名詞にかかわらず、複数形の名詞には ces を用います。homme は「人」と訳しましたが、「男」をあらわす単語なので、生物的な性から、これが男性名詞だということがわかります。この語は無音の h で始まる男性名詞なので、空欄には、選択肢の② cet が入ります。正解は② cet です。

得点率は59％でした。

(5)　(Vos) enfants sont très beaux !「あなたのお子さんたちはとても美しい

ですね」

選択肢はすべて、「あなた」にかかわる語ですが、①と②は、「あなたの」を意味する所有形容詞です。① Vos のあとには男性、女性にかかわらず複数の名詞がきます。② Votre のあとには男性、女性にかかわらず単数の名詞がきます。③ Vous は主語になる代名詞です。また、vous は同じつづりで、前置詞のあとに置かれたり、単独で使われたりする代名詞の強勢形でもあります。

さて、空欄の次の名詞 enfants「子ども」は、語尾に s がついていることから、複数形であることがわかります。名詞の前に主語になる代名詞が置かれることはありませんから、③ Vous は答えとして空欄に入りません。形容詞のうち、複数形① Vos が空欄に入ります。正解は① Vos です。

得点率は 52%でした。

問題1全体の得点率は 73%でした。

解答　(1) ①　(2) ①　(3) ②　(4) ②　(5) ①

2　解説　基本的な動詞の活用についての問題です。

(1)　Il (choisit) un livre.「彼は 1 冊の本を選びます」

問われている動詞は、choisir「選ぶ」です。その現在形は〈je choisis、tu choisis、il / elle choisit、nous choisissons、vous choisissez、ils / elles choisissent〉と活用します。正解は③ choisit です。choisir と同じパターンで活用する動詞に、(3)の問題文に含まれる finir「終える、終わる」があります。両方とも規則的に変化する、とても重要な動詞です。確実に活用を覚えるようにしましょう。

得点率は 82%でした。

(2)　Je (paie) par carte.「私はカードで支払います」

問われている動詞は、payer「払う」です。その現在形は〈je paie、tu paies、il / elle paie、nous payons、vous payez、ils / elles paient〉と活用します。je, tu, il/elle, ils/elles の活用形で、i の部分が y になる別の系統もあり、その場合は〈je paye、tu payes、il / elle paye、ils / elles payent〉となります。

不定詞の語尾が -er で終わる規則動詞ですが、問題文で問われている je paie のように、y が i に置きかわる系統の活用形もあることに気をつけましょう。本問題では、主語は je なので、正解は① paie です。

得点率は 75%でした。

(3) Nous (devons) finir ce travail ce soir.「私たちは今晩、この仕事を終えなければなりません」

問われている動詞は、 devoir「しなければならない」であり、このあとに活用していない動詞（不定詞）を伴って使われます。その現在形は〈je dois、tu dois、il / elle doit、nous devons、vous devez、ils / elles doivent〉と活用します。このように devoir の活用形の語幹には doi, dev, doiv の 3 種類があります。正解は① devons になります。

得点率は 94%でした。

(4) Tu (mets) ton nom ici.「ここに君の名前を記入して」

問われている動詞は、mettre「記入する」です。その現在形は〈je mets、tu mets、il / elle met、nous mettons、vous mettez、ils / elles mettent〉と活用します。なお、動詞 mettre の用法は広く、ここでは「記入する」という意味ですが、「置く、入れる」、「身につける」などの意味もあります。さらに、問題文は現在形で書かれた文ですが、内容としては、相手の tu に対して「記入してもらう」という「依頼」を表わしています。その意味では、現在形は tu / nous / vous を主語に用いると、命令形を用いた文と同等の内容になることがあると覚えておくとよいでしょう。正解は② mets です。

得点率は 88%でした。

(5) (Sortez) de votre voiture !「あなたの車から降りてください」

主語がない文なので、命令文だということがわかります。動詞の命令形は、現在時制の人称変化から作りますが、ここで問題になっている動詞は sortir「出る」で、この文脈では「降りる」です。命令形は tu / nous / vous に対してのみ、活用形があります。sortir の命令形は、現在形の主語の代名詞を取った形をそのまま用いればいいのです。tu に対しては sors（← tu **sors**）「降りなさい」、nous に対しては sortons（← nous **sortons**）「降りましょう」、vous に対しては sortez（← vous **sortez**）「降りてください、降りなさい」となります。

さて、問題文には、votre voiture「あなたの車」とあります。votreが使われていることから、この言葉を発する人とその相手とは互いにvousで呼び合う関係性であることがわかります。vousは「あなた」と訳しましたが、複数にもなるので、「あなた方」であるかもしれません。選択肢のなかでvousに対応する命令形は③ Sortezです。ほかの選択肢では、① Sorsがtuに対する命令形、② Sortentが3人称複数の現在形（ils / elles sortent）なので、正解は③ Sortezになります。

得点率は62%でした。

問題2全体の得点率は80%でした。

解答　(1) ③　(2) ①　(3) ①　(4) ②　(5) ③

3

解説　選択肢としてあたえられた語句を並べかえ、文を完成する問題です。

(1)　この文は、「あなたの」という意味の形容詞Votreから始まっています。このあとに名詞が来なければ文は成立しません。選択肢から名詞をさがすと、② père「父」と③ raison「理性、理由」があります。別の選択肢①に、aがありますが、これはavoir「持つ」の3人称単数の活用形です。avoir raisonで「正しい、（言うことは）もっともだ」という意味になりますから、この2語はセットだと考えるのが妥当です。したがって、Votreのあとには、② pèreが来て、文の主語となり、動詞は① a、そして③ raisonが続くという順になり、Votre père (a) raison. という文が完成します。正解は① aです。

得点率は88%でした。

(2)　日本語の「スカート」に相当する① jupeに不定冠詞③ uneを結びつけると、Elle porte une jupe.「彼女はスカートをはいています」という文の骨格ができあがります。問題文は「赤いスカート」ですから、② rouge「赤い」を名詞jupeにつけることになりますが、名詞の前に置かれるのか、うしろに置かれるのかが問題です。rougeのような、色を表わす形容詞は、名詞のあとに置くのが原則です。こうして、Elle porte une (jupe) rouge. という文が完成します。なお、衣類を表わす基本的な名詞は、『仏検公式基本語辞典』の「衣類 **vêtement**」の項目（p.111）で知ることができます。正解は① jupe

です。

得点率は76%でした。

(3) 日本語の「見えない」という訳から、フランス語文が否定の表現であることがわかります。選択肢にも、否定を表わす① neがあります。フランス語では否定文を作るときに、動詞をneとpasではさみますが、選択肢にはpasはありません。ここではpasではなく、② personneが用いられ、ne ... personne「だれも〜ない」の形で、否定文になることが予想できます。動詞は、選択肢の③ voisです。これは主語jeに対応するvoir「見える」の活用形です。したがって、主語jeの次には、否定の① neが置かれ、次に動詞③ vois、そのあとに③ personneがきます。こうしてJe ne (vois) personne.の文が完成します。正解は③ voisです。

得点率は86%でした。

(4) 日本語文の「今、〜したところです」という近い過去は、venir deのうしろに、活用していない動詞（不定詞）をつけて表現できます。選択肢を見ると、③ venonsはvenirの現在形で、nousが主語のときの活用形です。venirのうしろには前置詞① de、そして不定詞② rentrer「帰宅する」が続くと予想できます。こうしてNous venons (de) rentrer.という文が完成します。正解は① deです。

得点率は93%でした。

問題3全体の平均得点率は86%でした。

解答 (1) ① (2) ① (3) ③ (4) ①

4 解説

フランス語の質問を読み、2つの選択肢から適切な応答を選ぶ問題です。

(1) Ce film, il est comment ?「この映画はどうですか」

質問に使われている動詞はestであり、これはêtreの活用形です。Commentは様態や性質をきく疑問副詞で、ここではil「それ」、つまりCe film「この映画」の印象を聞かれています。② Il fait mauvais.「悪天候です」では応答になりません。これは非人称の代名詞ilを主語とし、〈非人称主語

il + fait (< faire) +形容詞〉で、天候や寒暖を表わす表現であり、話題とは関係のない答えだからです。① Il est intéressant.「面白いです」では、ce film をうける主語代名詞 il の次に動詞 est (< être) が置かれ、そのあとに印象を述べる形容詞 intéressant「面白い、興味深い」がつづいています。したがって、① Il est intéressant. が正解になります。

得点率は 90％でした。

(2) Nous allons nous promener ?「私たちは散歩をしましょうか」

allons は動詞 aller の 1 人称複数の活用形です。〈aller +不定詞〉で、近々予定していること、これからすることを述べる表現です。nous promener はもともと se promener「散歩する」という代名動詞ですが、ここでは、主語と同じものを指す再帰代名詞 se が、主語 Nous にあわせて nous となり、nous promener となっています。

この文は誘いかけですから、応答で、誘いにのる表現か、断わる表現が予想されます。② Oui, hier.「はい、きのう」では、まったく応答になりません。① Avec plaisir.「よろこんで」が正解になります。

得点率は 47％でした。

(3) Quand part le train ?「電車はいつ出ますか」

質問の文に含まれる動詞は part で、動詞 partir「出発する、出る」の 3 人称単数の現在形です。主語は le train「電車」です。文頭の疑問副詞 quand は時を尋ねる疑問詞ですから、応答でも時の表現で答える文が予想されます。① À la gare.「駅で」では、場所を答えることになってしまい、問いに対する応答としてふさわしくありません。時を答えている ② Dans dix minutes.「10 分後に」が正しい応答になります。正解は、② Dans dix minutes. です。

得点率は 92％でした。

(4) Qui attendez-vous ?「だれを待っているのですか」

疑問代名詞 qui で「人」について問う文です。Qui のあとには、主語 vous と動詞 attendez を倒置した attendez-vous がつづいています。attendez は、動詞 attendre の現在形で、「待つ」という意味です。qui は attendre の直接目的語になっていて、「だれを」待っているのかをきいてます。人についてきかれているのに、② Ma voiture.「私の車を」では、応答になりません。

① Ma sœur.「私の姉（妹）を」が正解です。
得点率は88%でした。

問題4全体の得点率は79%でした。

解答 (1) ① (2) ① (3) ② (4) ①

5 **解説** 日本語の指示にしたがい、選択肢のなかから適切な語を選ぶ問題です。

＊このタイプの問題への対策としては、『仏検公式基本語辞典』に収められた「絵で見る関連語」のコーナーが非常に有効です。ぜひ活用してください。

(1) 3つの選択肢のうち、「運動」とかかわりのない語を選びます。① courir は「走る」、② danser は「踊る」の意味ですから、正解は③ écouter「聞く、耳を傾ける」です。ほかに「運動」を示すものとして、marcher「歩く」、4(2)に出題された se promener「散歩する」などがあります。
得点率は77%でした。

(2) 3つの選択肢のうち、「公共施設」を表わさない語を選びます。① musée は「美術館、博物館」、② poste は「郵便局」の意味ですから、正解は③ yeux「目（複数形）」です。ほかに「公共施設」を表わす語として、école「学校」、lycée「高校」、gare「（鉄道の）駅」、hôpital「病院」などがあります。
得点率は90%でした。

(3) 3つの選択肢のうち、「天体」を表わさない語を選びます。② lune は「月」、③ soleil は「太陽」の意味ですから、正解は① jardin「庭」です。
得点率は87%でした。

(4) 3つの選択肢のうち「文房具」を表わさない語を選びます。① crayon は「鉛筆」、③ papier は「紙」ですから、正解は② fenêtre「窓」です。
得点率は92%でした。

問題5全体の得点率は86%でした。

解答 (1) ③ (2) ③ (3) ① (4) ②

6 解説 イラストと一致する文を選ぶ問題です。

(1) 女性の口から音符が出ていることから、女性は歌を歌っているようです。聞いている男性は、両手で耳をふさいで、耳ざわりであるような表情を見せています。この男性の表情から、女性の歌はじょうずではないことが読み取れます。① は Elle chante très bien.「彼女は歌がうまい（とてもじょうずに歌う）」、② は Elle ne chante pas bien.「彼女は歌がうまくない（じょうずに歌わない）」です。ポイントになっているのは、肯定文か否定文かの区別です。正解は ② Elle ne chante pas bien. です。

得点率は96%でした。

(2) 男性が、本を上から押さえて閉じるイラストです。① Il ferme le livre. は「彼は本を閉じる」、② Il ouvre le livre. は「彼は本を開く」です。ポイントは、ferme (< fermer)「閉じる」と ouvre (< ouvrir)「開く」という対になる動詞を理解しているかどうかです。正解は ① Il ferme le livre. です。

得点率は68%でした。

(3) 女性が頭を抱えて、その周りには、クエスチョンマークが飛び交っています。このイラストから、女性が解いている問題は難しいことが読み取れます。① La question est difficile. は「問題は難しい」、② La question est facile. は「問題は簡単だ」です。ポイントになっているのは、difficile「難しい」と facile「簡単である」の形容詞の区別です。正解は ① La question est difficile. です。

得点率は99%でした。

(4) 歩いている男性のイラストです。① Je viens à pied. は「私は徒歩で来ます」、② Je viens en taxi. は「私はタクシーで来ます」の意味です。使われている動詞は viens (< venir)「来る」です。ポイントになっているのは移動手段で、ここでは、à pied「徒歩で」か en taxi「タクシーで」かを判断することが問われています。ほかの移動手段を表わす表現として、à velo または en vélo「自転車で」、en avion「飛行機で」、en bateau「船で」があります。イラストの男性は歩いているので、正解は ① Je viens à pied. です。

得点率は96%でした。

問題6全体の得点率は90%でした。

解答 (1) ② (2) ① (3) ① (4) ①

7

解説 会話文を読み、空欄に適切な語をおぎなう問題です。動詞や形容詞、疑問詞、前置詞などの用法が問われます。

リュカがサラに話しかけています。

(1) Tu pars (1) en vacances ?「君はバカンスに（ 1 ）発つの？」とリュカがサラに尋ねています。動詞 pars の不定詞は partir で、「発つ、出発する」の意味です。それに対してサラは、À New York.「ニューヨークに」と、場所を示す前置詞 à のあとに都市名の New York をつけて答えています。

さて空欄の選択肢には、① comment「どのようにして」、② où「どこに」、③ quand「いつ」の3つの疑問詞があります。このなかで、À New York. とつながるのは、場所をきく疑問詞 ② où しかありません。したがって、正解は ② où です。

得点率は86%でした。

(2) Tu (2) anglais ?「君は英語を（ 2 ）？」の空欄に動詞を入れて文を完成させます。ここでは冠詞なしで anglais が置かれています。頭文字を大文字で Anglais と表記すれば、「イギリス人」の意味になりますが、ここでは冠詞がなく、頭文字が小文字で anglais と表記されているため、「英語」だと判断できます。選択肢を見ると、① cherches (< chercher)「さがす」、② donnes (< donner)「あたえる」、③ parles (< parler)「話す」とありますが、anglais「英語」とつながるのは ③ parles (< parler)「話す」しかありません。parler のうしろに冠詞なしで、言語名を表わす名詞があれば、「○○語を話す」という意味になります。たとえば、parler français なら「フランス語を話す」、parler japonais なら「日本語を話す」です。なお、言語名の名詞の前に parler l'anglais、parler le français のように、定冠詞 l'、le をつけても間違いではありませんが、本問のように、この定冠詞はよく省略されます。

この質問文に対する答えでは、Non, pas du tout. Mais ça va.「いいえ、全然。でもだいじょうぶなの」となっているため、質疑応答が成立していることが確認できます。正解は③ parles です。
　得点率は82%でした。

(3)　Non, elle est (　3　).「いいえ、彼女は（　3　）なの」とサラが答えています。この問題では、会話の流れから答えをみちびかなければなりません。そもそも elle はだれをうけているのでしょうか。会話の4行目のサラのせりふ Tu connais Nicole, la femme de mon frère ?「あなたはニコル、（つまり）私の兄（または弟）の奥さんを知っている？」で、ニコルが話題に上がりました。ニコルは女性のファーストネームです。次の文でリュカは、Oui. Elle vient du Canada, c'est bien ça ?「うん。彼女はカナダ出身、だよね？」と答えています。つまりここで話題になっているのは、ニコルの出身国です。選択肢には、① américaine「アメリカ人（女性）の」、② belle「美しい」、③ malade「病気である」と3つの形容詞が並んでいますが、どこの国の人かを表わしているのは① américaine です。また、ほかの選択肢の belle、malade では、文脈からはずれてしまい、あとにもつながっていきません。次には Et elle va voir ses parents à New York pendant les vacances.「それで彼女は、バカンスの間、ニューヨークで両親に会う予定なの」と述べています。va は動詞 aller「行く」の活用形ですが、ここでは〈aller ＋不定詞〉の形で近接未来の表現になっています。正解は① américaine です。
　得点率は78%でした。

(4)　Alors, je vais voyager (　4　) elle.「それで、私は彼女（　4　）旅行するつもりなの」とサラは述べ、それに対してリュカは Ah, très bien !「それはいいね」とコメントをしています。選択肢は、① à「～に」、② avec「～といっしょに」、③ par「～によって」と、すべて前置詞です。① à「～に」や③ par「～によって」では適切な対話が成立しません。したがって正解は② avec です。
　得点率は87%でした。

　問題7全体の得点率は83%でした。

解答　(1) ②　(2) ③　(3) ①　(4) ②

聞き取り試験

解説・解答

1

（読まれる質問）

(1) Votre père arrive aujourd'hui ?
(2) Comment vas-tu ?
(3) Qui est-ce ?
(4) Ça fait combien ?
(5) Tu manges du riz ?

解説 フランス語の文(1)〜(5)を聞き取り、その応答として適切なものを選ぶ問題です。

(1) Votre père arrive aujourd'hui ?「あなたのお父様は、きょう着くのですか」

Oui「はい」、Non「いいえ」で答えるタイプの疑問文です。選択肢の① Non でも② Oui でも質問に答えていますが、そのあとに補足として出されている情報が文脈にあっているかどうかを吟味し、正解をみちびかなければなりません。① Non, à l'aéroport.「いいえ、空港に」で焦点になっているのは、à l'aéroport「空港に」という「場所」であり、問いの文の aujourd'hui「きょう」で問題になっている「時」の話題からずれています。② Oui, ce soir.「はい、今晩」では、aujourd'hui「きょう」というおおざっぱな情報に、「きょう」のうちでも、夜の時間帯という細かい情報を足して、ce soir「今晩」だと答えています。したがって正解は② Oui, ce soir. です。

得点率は70%でした。

(2) Comment vas-tu ?「君は元気なの？」

疑問副詞の comment [kɔmɑ̃ コマン] が使われています。comment には、手段や方法をきく用法や形状、性質、ようすなどをきく用法がありますが、この場合、相手のようす（健康状態）を尋ねています。

このように comment は、相手の状態を尋ねるというところから、一般に挨拶の表現としても用いられます。『仏検公式基本語辞典』「挨拶・応答」(p.26) には、Comment allez-vous ?「お元気ですか」の表現が記載されています。この場合、allez (< aller) の意味は「行く」ではなく、「健康状態が〜である」、さらには「体の具合がよい」、つまり「元気である」です。慣用表現として覚えておきましょう。したがって応答として① À Paris.「パリに」は不適当です。正解は② Très bien, merci.「とてもいいです、（気づかってくれて）ありがとう)」になります。

得点率は 78%でした。

(3) Qui est-ce ?「だれですか」

Qui [ki キ] は、「だれが」や「だれを」のように、「人」について問う疑問代名詞です。この文では、あとに est-ce がきていますから、この Qui で、ここにいる人、もしくは話題になっている人や、写真の人物などをきいていると理解できます。選択肢に、① C'est Pauline, ma sœur.「ポリーヌ、私の姉（妹）です」と② C'est une école.「学校です」がありますが、ここで問われているのは建物（もの）ではなく、人なので、正解は① C'est Pauline, ma sœur. です。

得点率は 83%でした。

(4) Ça fait combien ?「（全部で）おいくらですか」

「どれだけの〜」という数や量を尋ねる combien という疑問副詞が用いられています。動詞 fait (< faire) の意味は「作る」「する」、ほかに「値段が〜になる」があります。ここでは、Ça fait combien ? で、買いものや飲食店での会計時に、合計金額がいくらになるのかをきく慣用表現です。選択肢を見ると、① Deux euros.「2 ユーロです」と② Trois bananes.「3 本のバナナです」がありますが、② Trois bananes. では応答が成立しません。正解は① Deux euros. です。

得点率は 83%でした。

(5) Tu manges du riz ?「君はご飯（米、米飯）を食べるの？」

動詞 manges (< manger) を用いて、du riz「ご飯（米、米飯）」を食べるかどうかをきいています。Oui（はい）、Non（いいえ）で答えるタイプの疑問文です。この場合、riz「ご飯」は実際に口にする一定量の食べものなので、部分冠詞 du がついています。

これに対する応答として① Non, jamais.「いいえ、けっして」、② Oui, j'ai soif.「はい、のどが渇いています」があります。選択肢の① Non でも② Oui でも質問に答えていますが、そのあとに補足として出されている情報が文脈に合っているかどうかを考えて、正解をみちびかなければなりません。問いの文では、のどの渇きが焦点になっているわけではないので、② Oui, j'ai soif. という応答は不適切です。なお、ここでは、動詞 ai (< avoir) に、冠詞のない名詞を続けて、avoir soif「のどが渇いている」となっていますが、ほかにも avoir を用いた表現として、avoir faim「空腹である」、avoir chaud「暑い」、avoir froid「寒い」があります。『仏検公式基本語辞典』の **avoir** の項目には、こうした用例がまとめてありますので、参考にしてください。①の jamais は、通常 ne ... jamais「けっして〜ない」の形で、強い否定の文を作りますが、ここでは、jamais が単独で使われて「けっして」と食べないことを強調しています。正解は① Non, jamais. です。

得点率は59％でした。

問題1全体の得点率は75％でした。

解答 (1) ②　(2) ②　(3) ①　(4) ①　(5) ①

2

（読まれる文）

(1) Quatre pommes, s'il vous plaît.

(2) Il est sept heures.

(3) Je travaille ici depuis quinze jours.

(4) Il n'y a que huit personnes dans la salle.

(5) Douze kilos ? C'est lourd !

解説　解説フランス語の文(1)~(5)に含まれる数を聞き取る問題です。

(1)　Quatre pommes, s'il vous plaît.「リンゴを 4 個、お願いします」

s'il vous plaît「お願いします」という表現の前に、ほしいものを言います。Quatre [katr カトる] と pommes [pɔm ポム] が連続して発音されるので、quatre が聞き取れるかが鍵になります。正解は 04 です。

得点率は 79%でした。

(2)　Il est sept heures.「(今) 7 時です」

〈非人称主語 il + est (< être) + 数詞 + heure(s)〉は、時間を表わす表現です。正解は 07 です。フランス語表記すれば、数詞(数字)は sept [sɛt セット] で、つづりに含まれる p は発音しませんが、語末の t は発音します。sept heures「7 時」のように、sept のあとに無音の h で始まる語 heures [œːr ウーる] がつづく場合は、sept の語尾の t の音が heures とつながって sept heures [sɛtœːr セットゥーる] とひと息に発音されます。heure(s) の聞き取りは難しいので、ふだんから、数詞(数字)に heure(s) がついている発音を聞いたり、発音の練習を繰り返したりして、身体のリズムで身につけることをおすすめします。

得点率は 76%でした。

(3)　Je travaille ici depuis quinze jours.「私は 2 週間 (15 日) 前からここで働いています」

動詞には travaille (< travailler) が使われています。ici は「ここで」という意味の副詞です。depuis は「~前から」という意味の前置詞です。数字は quinze で、15 です。quinze は [kɛ̃z カンズ] と発音します。quinze は depuis quinze jours のひとまとまりで発音され、特に jours と強く結びついていますので、まとまりの発音の中から数詞(数字)の部分を聞き取ることが肝心です。正解は 15 です。なおフランス語では、1 週間は 8 日、2 週間は 15 日ととらえます。数え始めの当日を含めて数えるのです。

得点率は 53%でした。

(4)　Il n'y a que huit personnes dans la salle.「部屋には、8 人しかいません」

Il y a「~がある」という存在をあらわす非人称表現です。使われている動詞はavoirです。ここでは、ne ... que ...の「〜しかない、〜しかいない」の表現が用いられています。正解は08です。huitは通常は[ɥit ユイット]と発音されますが、huitは次に子音で始まる名詞がつづくときにはt [t]を発音しませんので、この問題では、huit personnes [ɥipɛrsɔn ユイぺるソンヌ]と発音されます。

得点率は49%でした。

(5) Douze kilos ? C'est lourd !「12キロ？重いです」

日本語では「キロ」は重さと長さの単位として使いますが、フランス語のkiloは重さにしか用いません。長さにはkilomètreを使います。数字はdouzeで12です。douze [duz ドゥーズ]は「2」のdeux [dø ドゥ]と間違いやすいので、気をつけましょう。

なお、lourdは「重い」という意味の形容詞です。léger「軽い」と対にして覚えるとよいでしょう。

得点率は80%でした。

問題2全体の得点率は67%でした。

解答 (1) 04　(2) 07　(3) 15　(4) 08　(5) 12

3

(読まれる文)

(1) Voilà, madame.
(2) Allô ?
(3) Je suis triste.
(4) Voici ma famille.
(5) De rien !

解説 フランス語の文(1)〜(5)を聞き取り、その内容に対応する場面を5つのイラストから選ぶ問題です。

(1)　Voilà, madame.「どうぞ」

立っている女性が、座っている女性に向かって、飲みものを差し出しながら話しかけている②のイラストが正解です。voilà は相手にものを渡すときに使う言い回しです。madame は大人の女性に話しかけるときの呼称です。

得点率は48%でした。

(2)　Allô ?「もしもし」

女性が携帯電話を耳に当てながら、話しているイラスト③が正解です。allô [alo アロ] は、電話で相手に話しかけるときに用います。

得点率は80%でした。

(3)　Je suis triste.「私は悲しい」

男性を前にして、女性がハンカチで涙をぬぐいつつ、何か話している⑤のイラストが正解です。triste は「悲しい」心の状態を示す形容詞です。基本の形である男性単数形の語末も e で終わるので、男女同形です。

得点率は91%でした。

(4)　Voici ma famille.「私の家族です」

女性が、男性と子供2人を紹介するように、両手で指し示している④のイラストが正解です。voici のあとに名詞を伴って、「これが～です」と、人やものを提示する表現です。famille は女性名詞の「家族」で、ma は子音で始まる単数の女性名詞につく「私の」という意味の所有形容詞です。

得点率は99%でした。

(5)　De rien !「どういたしまして」

かばんを持ち、目の前にいるにこやかな年配女性に向かって、手で合図をしながら、笑顔で何かを言っている女性のイラスト①が正解です。De rien ! は慣用表現で、「どういたしまして、たいしたことではありません」という意味です。『仏検公式基本語辞典』の **rien** の項目に用例がありますので、参考にしてください。

得点率は39%でした。

問題3全体の得点率は71%でした。

解答 (1) ② (2) ③ (3) ⑤ (4) ④ (5) ①

4

(読まれる文)

(1) Elles achètent des fleurs.
(2) Le chat est sur la table.
(3) C'est une bonne élève.
(4) Prends ton sac.
(5) Il n'y a pas de bateau.

解説 フランス語の文を聞き取り、2枚の絵から、それぞれの文の内容に合うものを選ぶ問題です。冠詞や形容詞、動詞の活用語尾などの音声を手がかりに、男性形と女性形、単数形と複数形、肯定と否定の違いを聞き取ります。

(1) Elles achètent des fleurs.「彼女たちは花を買っています」

イラスト①には女性が1人、イラスト②には女性が2人描かれています。ポイントは、読まれる設問文を聞いて主語が単数か複数かを判断することにあります。さて、3人称単数の主語elleと3人称複数の主語ellesの発音はいずれも[ɛl エル]で同じです。次にくる動詞の不定詞はacheter [aʃte アシュテ]「買う」です。その活用形は、主語が3人称単数のelleならachèteに、主語が3人称複数のellesならachètentになりますが、発音はいずれも[aʃɛt アシェット]です。しかしながら、この動詞は母音で始まっているので、主語のelle、ellesとつながって発音されます。注意しましょう。主語が単数のelle [ɛl エル]のときは、次のachèteとひとつづきに、elle achète [ɛlaʃɛt エラシェット]と発音します。一方、主語が複数のelles [ɛl エル]のときは、ellesの発音されない語尾sが、次に母音で始まるachètentとつながって[z ズ]という音になり、ひと息にelles achètent [ɛlzaʃɛt エルザシェット]と発音します。録音の音声ではelles achètent [ɛlzaʃɛt エルザシェット]と発音されているので、正解は②になります。

得点率は66%でした。

(2) Le chat est sur la table.「猫がテーブルの上にいます」

両方のイラストに猫が1匹描かれていますが、イラスト①ではテーブルの下に、イラスト②では、テーブルの上に描かれています。ポイントは、読まれる設問文を聞いて、猫がいるのがテーブルの上か、下かを判断することにあります。録音では sur la table [syrlatabl スュるラタブル] と発音されています。前置詞 sur は「〜の上に」という意味ですので、イラスト②が正解です。なお、「〜の下に」を意味する前置詞は sous [su スー] です。音声で sur と sous を判別するのはけっして容易ではありません。聞き取りの練習を繰り返して慣れていきましょう。

得点率は70%でした。

(3) C’est une bonne élève.「よい女子生徒です」

イラスト①では女の子1人が、イラスト②では男の子1人が描かれています。この場合、主語を説明する補語 une bonne élève の名詞 élève「生徒」は、男性も女性も指すため、その前についている不定冠詞と形容詞の形から性別を判断するしかありません。文頭に C’est が置かれると、本来は発音されない t の子音とつながってひとつづきに発音されることが多く、この聞き取り問題でも、ひとつづきに発音されています。ポイントは、c’est un [sɛtɛ̃ セタン] と c’est une [sɛtyn セテュヌ] の音を聞きわけられるかどうかです。録音の音声では、c’est の t と une がつながって、[sɛtyn セテュヌ] と発音されています。したがって正解は①です。

得点率は76%でした。

(4) Prends ton sac.「君のかばんを取って」

イラスト①にはかばんが1個、イラスト②には2個描かれています。読まれる設問文は、prends [prɑ̃ プらン] で始まり、主語がないので、動詞 prendre「取る」の tu に対する命令形だとわかります。ポイントは、かばんが単数か複数かを聞き取ることですが、つづいて ton sac [tɔ̃sak トンサック] と発音されていることから、かばんは単数であることがわかります。もし複数なら、tes sacs [tesak テサック] となるからです。「君の」という意味になる所有形容詞をおさらいしておくと、単数の男性名詞と母音で始まる単数の女性名詞の前ではton [tɔ̃ トン]、子音で始まる単数の女性名詞の前ではta [ta タ]、男性名詞、女性名詞にかかわらず複数の名詞の前ではtes [te テ]となります。したがってイラスト①が正解です。

得点率は73%でした。

(5) Il n'y a pas de bateau.「船はありません」

Il y a un bateau.「一隻（いっせき）の船があります」という非人称表現の文が否定文になった形です。イラスト①には水平線に太陽が沈んでいく場面が、イラスト②には一隻の船が描かれています。さて本問では、bateau（船）があるのか、ないのかがポイントになります。正解は①です。

得点率は48%でした。

問題4全体の平均得点率は67%でした。

解答 (1) ② (2) ② (3) ① (4) ① (5) ①

配　点　表

問題番号	筆記試験	1	2	3	4	5	6	7	小計	聞き取り	1	2	3	4	小計	合計
点		10	10	8	8	8	8	8	60		10	10	10	10	40	100

学校別受験者数一覧

2022 年度春季　＜大学・短大別出願状況＞

出願者数合計が 10 名以上の学校を抜粋しました（50 音順）。

	学校名	合計		学校名	合計		学校名	合計
団体	愛知県立大学	16		神戸市外国語大学	11	団体	長崎大学	40
	愛知大学	19	団体	国際教養大学	33	団体	名古屋外国語大学	30
団体	青山学院大学	73		滋賀医科大学	28		名古屋大学	10
団体	秋田大学	13	団体	順天堂大学	16	団体	奈良女子大学	10
団体	跡見学園女子大学	14	団体	上智大学	71	団体	南山大学	29
団体	茨城キリスト教大学	18	団体	昭和女子大学	31		新潟大学	10
	岩手大学	13	団体	白百合女子大学	78		日本女子大学	14
団体	愛媛大学	10	団体	椙山女学園大学	20	団体	日本大学	27
団体	大阪教育大学	11	団体	成城大学	44	団体	広島修道大学	10
団体	大阪大学	40	団体	聖心女子大学	27	団体	広島大学	14
団体	お茶の水女子大学	38	団体	西南学院大学	21	団体	フェリス女学院大学	14
	香川大学	15		大東文化大学	18	団体	福岡大学	31
団体	学習院大学	63	団体	千葉大学	16	団体	法政大学	41
団体	金沢大学	20	団体	中央大学	63		北海道大学	13
	関西大学	15		筑波大学	13		松山大学	10
	関西学院大学	45		津田塾大学	16	団体	武庫川女子大学	12
団体	九州大学	17	団体	都留文科大学	11	団体	武蔵大学	43
団体	京都外国語大学	68	団体	帝京大学	15	団体	武蔵野美術大学	13
団体	京都産業大学	32	団体	東海大学	22	団体	明治学院大学	90
団体	京都女子大学	15		東京外国語大学	14	団体	明治大学	108
団体	京都市立芸術大学	13		東京大学	41		盛岡大学	12
団体	京都大学	25		東京都立大学	17	団体	立教大学	71
団体	共立女子大学	33		同志社大学	22	団体	立命館大学	39
	近畿大学	13		東北大学	109	団体	龍谷大学	12
団体	金城学院大学	35		東洋大学	48	団体	早稲田大学	136
団体	群馬県立女子大学	10	団体	獨協大学	59			
団体	慶應義塾大学	138	団体	長崎外国語大学	32			

2022 年度春季　＜小・中・高校・専門学校別出願状況＞

出願者数合計が 5 名以上の学校を抜粋しました（50 音順）。

	学校名	合計		学校名	合計		学校名	合計
団体	アサンプション国際中学校・高等学校	37	団体	慶應義塾高等学校	5	団体	日本外国語専門学校	21
団体	埼玉県立伊奈学園総合高等学校	28		慶應義塾湘南藤沢中・高等部	7	団体	福島県立福島南高等学校	29
団体	東京都立桜修館中等教育学校	5		慶應義塾女子高等学校	5	団体	雙葉中学校・高等学校	12
団体	大妻中野中学校・高等学校	39	団体	啓明学園中学校・高等学校	14	団体	北海道札幌国際情報高等学校	8
	学習院女子中・高等科	11		神戸国際中学校・高等学校	12	団体	神奈川県立横浜国際高等学校	33
団体	カリタス女子中学高等学校	80	団体	岩手県立不来方高等学校	6	団体	立命館宇治中学校・高等学校	20
	神田外語学院	12	団体	白百合学園中学高等学校	83	団体	埼玉県立和光国際高等学校	5
団体	暁星国際中学・高等学校	5	団体	聖ウルスラ学院英智高等学校	56	団体	早稲田大学高等学院	13
団体	暁星国際流山小学校	14	団体	聖ドミニコ学園中学高等学校	30			
団体	暁星中学・高等学校	42	団体	同志社国際中学校・高等学校	6			

2022 年度秋季　＜大学・短大別出願状況＞

出願者数合計が 10 名以上の学校を抜粋しました（50 音順）。

	学校名	合計		学校名	合計		学校名	合計
団体	愛知県立大学	29		滋賀医科大学	15	団体	富山大学	21
	愛知大学	23		島根大学	81	団体	長崎外国語大学	26
団体	青山学院大学	92	団体	順天堂大学	191	団体	長崎大学	33
団体	秋田大学	11	団体	上智大学	101	団体	名古屋外国語大学	28
団体	亜細亜大学	54	団体	昭和女子大学	34	団体	奈良女子大学	16
団体	跡見学園女子大学	36	団体	白百合女子大学	89	団体	南山大学	41
団体	茨城キリスト教大学	39	団体	椙山女学園大学	19		新潟大学	10
	岩手大学	13	団体	成城大学	73		日本女子大学	24
団体	愛媛大学	14	団体	聖心女子大学	38	団体	日本大学	56
団体	大阪教育大学	18	団体	西南学院大学	29	団体	広島修道大学	13
団体	大阪大学	96		専修大学	23	団体	広島大学	10
団体	お茶の水女子大学	38	団体	創価大学	10	団体	福岡女子大学	20
団体	学習院大学	160		大東文化大学	31	団体	福岡大学	73
団体	神奈川大学	10	団体	拓殖大学	73		福島大学	10
団体	金沢大学	26	団体	千葉大学	14	団体	法政大学	50
	関西大学	26	団体	中央大学	106		北星学園大学	20
	関西学院大学	63		中京大学	10		松山大学	15
団体	神田外語大学	12		津田塾大学	22	団体	武庫川女子大学	82
団体	九州大学	39	団体	帝京大学	29	団体	武蔵大学	57
団体	京都外国語大学	60	団体	東海大学	44	団体	武蔵野美術大学	10
団体	京都産業大学	112		東京外国語大学	10	団体	明治学院大学	116
団体	京都女子大学	20		東京大学	47	団体	明治大学	173
団体	京都大学	24		東京都立大学	15		名城大学	14
団体	共立女子大学	51		東京理科大学	13		盛岡大学	14
	近畿大学	15	団体	同志社女子大学	12	団体	山形大学	44
団体	金城学院大学	41		同志社大学	33		横浜国立大学	13
団体	慶應義塾大学	346	団体	東北学院大学	11	団体	立教大学	216
	神戸市外国語大学	11		東北大学	177	団体	立命館大学	67
団体	國學院大學	11		東洋大学	85	団体	龍谷大学	11
団体	国際教養大学	37	団体	常葉大学	21	団体	早稲田大学	276
団体	駒澤大学	10	団体	獨協大学	58			

2022 年度秋季　＜小・中・高校・専門学校別出願状況＞

出願者数合計が 5 名以上の学校を抜粋しました（50 音順）。

	学校名	合計		学校名	合計		学校名	合計
団体	アサンプション国際中学校・高等学校	26	団体	暁星国際流山小学校	16	団体	聖ウルスラ学院英智高等学校	5
団体	埼玉県立伊奈学園総合高等学校	16	団体	暁星中学・高等学校	38	団体	聖ドミニコ学園中学高等学校	25
団体	大妻中野中学校・高等学校	74	団体	慶應義塾高等学校	7	団体	兵庫県立宝塚西高等学校	8
	学習院女子中・高等科	5		慶應義塾湘南藤沢中・高等部	8	団体	日本外国語専門学校	17
団体	神奈川県立神奈川総合高等学校	5		慶應義塾女子高等学校	8	団体	東京都立日比谷高等学校	17
団体	カリタス小学校	58	団体	神戸海星女子学院中学・高等学校	69	団体	雙葉中学校・高等学校	7
団体	カリタス女子中学高等学校	102		神戸国際中学校・高等学校	7	団体	東京都立三田高等学校	19
	神田外語学院	11	団体	岩手県立不来方高等学校	5	団体	神奈川県立横浜国際高等学校	25
団体	東京都立北園高等学校	12	団体	湘南白百合学園中学・高等学校	14	団体	流通経済大学付属柏高等学校	6
団体	暁星国際小学校	7	団体	白百合学園中学高等学校	129	団体	埼玉県立和光国際高等学校	10
団体	暁星国際中学・高等学校	7	団体	大阪府立住吉高等学校	10	団体	早稲田大学高等学院	74

文部科学省後援

実用フランス語技能検定試験

2023年度版3級・4級・5級

仏検公式ガイドブック

定価　2,640円
（本体2,400円＋税10％）

2023年4月15日 発行

編者
発行者　公益財団法人　フランス語教育振興協会

発行所　公益財団法人　**フランス語教育振興協会**
〒102-0073 東京都千代田区九段北 1-8-1 九段101ビル 6F
電話 (03) 3230-1603　FAX (03) 3239-3157
https://apefdapf.org

発売所　（株）**駿河台出版社**
〒101-0062 東京都千代田区神田駿河台 3-7
振替口座 00190-3-56669番
電話 (03) 3291-1676（代）　FAX (03) 3291-1675
http://www.e-surugadai.com

ISBN978-4-411-90305-1　C0085　￥2400E

3級・4級・5級の音声の聞き方

書き取り・聞き取り問題の音声の番号は以下のとおりです。

3級：2022年度春季 問題

01 聞き取り [1] マリーとポールの会話
02 聞き取り [1] ポーズ入り
03 聞き取り [2] 問題の説明
04 聞き取り [2] フランス語の文(1)～(5)
05 聞き取り [3] クレマンとオレリーの会話1回目
06 聞き取り [3] クレマンとオレリーの会話2回目
07 聞き取り [3] クレマンとオレリーの会話3回目

3級：2022年度秋季 問題

08 聞き取り [1] シルヴィーとモーリスの会話
09 聞き取り [1] ポーズ入り
10 聞き取り [2] 問題の説明
11 聞き取り [2] フランス語の文(1)～(5)
12 聞き取り [3] フィリップとマルゴの会話1回目
13 聞き取り [3] フィリップとマルゴの会話2回目
14 聞き取り [3] フィリップとマルゴの会話3回目

4級：2022年度春季 問題

15 聞き取り [1] 問題の説明
16 聞き取り [1] フランス語の文(1)～(4)
17 聞き取り [2] 問題の説明
18 聞き取り [2] フランス語の文(1)～(4)
19 聞き取り [3] 問題の説明
20 聞き取り [3] フランス語の文(1)～(4)
21 聞き取り [4] ジュリとオリヴィエの会話1回目
22 聞き取り [4] ジュリとオリヴィエの会話2回目
23 聞き取り [4] ジュリとオリヴィエの会話3回目

4級：2022年度秋季 問題

24 聞き取り [1] 問題の説明
25 聞き取り [1] フランス語の文(1)～(4)
26 聞き取り [2] 問題の説明
27 聞き取り [2] フランス語の文(1)～(4)
28 聞き取り [3] 問題の説明
29 聞き取り [3] フランス語の文(1)～(4)
30 聞き取り [4] 母親と息子ロマンの会話1回目
31 聞き取り [4] 母親と息子ロマンの会話2回目
32 聞き取り [4] 母親と息子ロマンの会話3回目